Bärbel Schäfer

Meine Nachmittage mit Eva

Über Leben nach Auschwitz

Für meine Söhne

INHALT

Alles ist möglich.
Immer und zu jeder Zeit.
Ist der Mensch ein Mensch oder ein grausames Tier?

In meinem Buch geht es um Menschlichkeit und Herzenswärme. Es ist auch ein politisches Gegenwartsbuch. Es geht um Gefühle. Im Mittelpunkt stehen die Erinnerungen und Erfahrungen der fünfundachtzigjährigen Shoa-Überlebenden Eva Szepesi. Mutter von zwei Töchtern. Sie treffen auf mein heutiges Leben, meinen Alltag und meine Beobachtungen. Ich bin Bärbel Schäfer. Mutter von zwei Söhnen, Journalistin und Autorin.

Zwei Frauen. Zwei Generationen. Zwei Erfahrungswelten.

Eva trägt eine tätowierte Nummer auf ihrem Unterarm. Wenige glückliche Sommer hatte sie als Kind, bevor sie alleine aus Budapest vor den Nazis fliehen musste. Sie war erst elf. Ein Kind. Ein kleines Mädchen auf der Flucht. Das einzige, das ihre Mutter ihr damals mitgegeben hat, war eine selbstgestrickte blaue Jacke. Mit der Jacke am Körper, einem Stoffbeutel über der Schulter und ihrer Puppe Erika im Arm sah sie ihre Familie ein letztes Mal am Bahnhof.

11

Evas Bruder Tamas wurde vergast. Er war sieben Jahre alt. Ihre Eltern wurden deportiert und in den Gaskammern von Auschwitz getötet. Eva überlebte das Konzentrationslager. Ein russischer Soldat der Roten Armee dachte, Eva sei tot. Als er merkte, dass sie noch atmete, trug er Eva am 27. Januar 1945 aus dem Lager. Da war sie zwölf.

Eva eroberte sich ihr Leben zurück. Jahre später bricht sie ihr Schweigen, ist es ihr möglich, über ihre Todesreise zu sprechen. Fünf Jahrzehnte kein Sterbenswort. Eva verkapselt das Grauen. Vor sich und vor der Welt. Sie zieht mit ihrem Ehemann aus beruflichen Gründen zurück in das Land der Täter. Nachkriegsdeutschland in den 50er- und 60er-Jahren. Aufbaujahre.

Das Land meiner Eltern. Meiner Großeltern. Was sie wohl gesehen haben? Was sie wohl gewusst haben? Auf dem vergifteten Fundament der »Stunde Null« werden Trümmerspuren beseitigt. Zukunft aufgebaut. Worauf? Niemand hat etwas bemerkt, sagten sie.

Viele Mittwochnachmittage besuche ich meine Freundin Eva Szepesi. Immer am selben Ort. Oft zur gleichen Zeit. Es sind unsere Nachmittage. Wir sitzen zusammen wie in einer anderen Welt, einer des Erzählens und Zuhörens. Auf dem samtigen Sofa oder am ovalen Wohnzimmertisch mit der Spitzendecke. Wir reden. Darüber, ob Menschen sich verändern können?

Einer meiner Söhne ist heute so alt wie Eva auf ihrer damaligen Flucht. Ich bin vor Jahren zum Judentum übergetreten. Wie oft haben mein Mann und ich über das WARUM und das WIE der SHOA gesprochen. Wie oft haben wir über den Judenhass, der bis heute sein gefährliches Gift verstreut, diskutiert. Aber auch über die unterschiedlichen Perspektiven. Er aus einer Opferfamilie stammend. Und ich?

Wie oft haben wir über die Konsequenzen unserer Erziehung nachgedacht. Geschichte ist immer auch Familiengeschichte. Für meinen Mann war die Generation meiner Großeltern mit verantwortlich für die Verfolgung des europäischen Judentums. Also auch seiner Familie.

Als ich Eva Szepesi kennenlernte, wusste ich, dass es meine letzte Gelegenheit war, mit einem Menschen, der diese Verfolgung erlebt hat, so ausführlich zu sprechen. Ich war jetzt bereit dafür.

Spurensuche im Inneren meiner deutschen Familie. Mein Heute trifft auf Evas Gestern.

Diese vielen Perspektiven, Gefühle und Erfahrungen sickern in mich ein und verändern mich noch einmal. Ich war nicht dabei. Ich habe nichts getan, und dennoch spüre ich die Verstrickung meiner Biografie. Auch in meiner Familie wurde versucht, Spuren zu verwischen. Legenden und Geheimnisse wurden weggeschwiegen.

13

Die Besuche bei Eva sind geprägt von traurigen, beeindruckenden und persönlichen Geschichten über Ausgrenzung und Schrecken, Angst, Kälte und Hoffnung. Und wie es angefangen hat. Unsere Leben sind verwoben durch unterschiedliche Erfahrungen mit Deutschland, dem Krieg und das große Schweigen.

Eva Szepesi ist eine der letzten Frauen, die Auschwitz als Kind überlebt haben. Sie schenkt mir ihre Offenheit. Sie lässt mich ihre Verletzbarkeit spüren. Ich versuche, sie behutsam in dieses Buch zu tragen.

Dieses Buch soll eine Anregung sein, über eigene Identität, Humanität, Hoffnung, Ehrlichkeit, Freundschaft, Toleranz, Geborgenheit, Respekt nachzudenken. Werden wir nicht glücklicher, wenn wir Wärme und Liebe geben, statt Hass und Gewalt zu säen? Welche Welt und welche Werte wollen wir unseren Kindern vorleben?

Als meine Oma bei Hertie auf der Rolltreppe stürzte, war der Tag, als ich vom Krieg erfuhr. Zum ersten Mal. Damals war ich elf. Meine Oma war eine großgewachsene, schlanke Frau. Unpolitisch. Eher der strenge, schmallippige Typ. Sie trug Röcke mit Falten und Biesenblusen. Später eine Brille und selten Lippenstift. Oma ging wandern oder besichtigte Schlösser. Mit Vorliebe in Frankreich. Dinge, die man begann, musste man in ihren Augen auch beenden. Zu mir und ihren anderen Enkeln sagte sie oft: Kind, was du heute kannst besorgen, das verschiebe nicht auf morgen. Mein Durchhaltevermögen habe ich wohl von ihr. Sie mochte nicht, wenn eine Frau in der Öffentlichkeit aß oder rauchte. Sie mochte nicht, wenn wir bei Tisch mit dem Stuhl wackelten oder meine Mutter sie bat, auf uns Kinder achtzugeben. Mochte sie sich? Ich weiß nur, sie liebte Puzzle und rosa Marzipan ohne Schokolade.

Wir schwebten langsam die Stockwerke des Kaufhauses hoch. Winkten uns in den Spiegeln der gegenüber hinabrollenden Treppe zu. Unsere Hände ruhten auf der schwarzen Gummierung. Leises Gleiten. Ohne Vorwarnung klappte Oma wie eine Giraffe auf Futtersuche plötzlich vornüber. Lag bewegungslos, über mehrere Stufen ausgestreckt neben mir. Ihr beiger Mantel sprang auf. Ein Knopf schaffte es sogar bis über den Handlauf. Ihre Handtasche hielt sie fest umklammert. Sie sah aus, als läge sie bäuchlings im Bett. Die Treppe störte nicht, was auf ihrem Rücken geschah, sie schnurrte uns unbeirrt höher in das nächste Stockwerk. Mittlerweile lehnten sich staunende Gesichter über das Gummigeländer der Treppe gegenüber. Die Gefahr, dass sich Omas graue Locken oder ihr Halstuch in den sich ineinander schiebenden und ins Nirgendwo verschwindenden Stufen verhedderten, stieg rasant. Ich schrie laut auf. Versuchte sie hochzuziehen. Vergeblich. Ihre Strumpfhose war eingerissen, rötliche Besenreißer zeigten sich an der linken Wade. Ein brauner Halbschuh lag zwei Stufen tiefer. Als ich nach ihm griff, drückte ein rotwangiger Schüler geistesgegenwärtig auf den Notfallknopf und reichte mir den Schuh meiner Oma.

Einige Minuten später, den Puls wieder auf normaler Herzschlagfrequenz, saß Oma auf einem Stuhl in der Damenoberbekleidung. Sie hatte Schrammen an der linken Schläfe und trank Wasser aus einem Plastikbecher, den eine Verkäuferin ihr hastig gebracht hatte. Sie wirkte verwirrt. Blickte sich suchend um und sprach rückwärts. Jedenfalls klang es für mich so. Eigentlich waren wir auf dem Weg in die Sportabteilung, ganz oben unter dem Dach, um meinen Tennisschläger neu bespannen zu lassen. Den Becher umklammernd erzählte Oma von Bombennächten und fragte mich, warum ich nicht endlich in den Bunker rennen würde. »Warum sitzen wir hier herum und trinken Wasser, Kind?«, fragte sie mit aufgerissenen Augen.

Ich hörte weder den Fliegeralarm, den sie erwähnte, noch kannte ich einen Bunker in der unmittelbaren Nähe. Die Verkäuferin schüttelte entsetzt den Kopf, als der Name Hitler fiel und hastete zurück zu den Umkleidekabinen. Ich saß zu Omas Füßen und ließ sie einfach reden. Die schwarz-weißen Fotos in unserem Treppenhaus bekamen endlich Namen und Geschichten. Die Cousine, die im Lazarett Soldaten verarztete und sich unglücklich verliebte. Der Opa, der nicht wusste, wie er die Familie über Wasser halten sollte. Ab und zu rang sie um Worte, strich mir dabei über das schulterlange Haar. So hörte ich von der Kinderlandverschickung meines Vaters und der Flucht der Großmutter mit ihren vier Kindern von der Stadt auf das Land. Nie hatte meine Oma darüber gesprochen.

Meine Eltern wollten mir Stunden später nicht glauben. Das Stolpern und der Rolltreppensturz mussten bei ihr einen lange verborgenen Erinnerungsschalter umgelegt haben. Oma sprach jetzt deutlich und lauter. Damals, als sich ihr Nachwuchs an den Kinderwagen klammerte, die Uroma aus dem Bett gerissen wurde und die jüngste Tochter die herabheulenden, totbringenden Bomben fast verschlief. Damals war mein Vater gerade fünf Jahre alt. Eines von vier Kindern. Erinnerungsbilder sprudelten aus Oma heraus, ohne dass ich eine einzige Frage stellte. Kreuz und quer hüllte sie mich mit Sirenenlärm, zerbombten Straßenzügen und vermissten Vätern ein.

Das nächste Mal, als der Zweite Weltkrieg unser Thema war, war der Tag, an dem Oma ihre Wohnung verließ und in ein Altenheim zog. Sie löste alles auf. Der grüne Ohrensessel, die Schmuckschatulle, der glänzende Bettbezug und die Kommode durften mit.

Ich saß wieder zu Omas Füßen und räumte einen kleinen Beistellschrank in ihrem Zimmer leer. Neben den Parfümflakons, Taschentüchern mit handgehäkelten Rändern und den Adressbüchern mit den durchgestrichenen Namen ihrer verstorbenen Freundinnen fand ich eine kleine Box. Ich öffnete sie vorsichtig und betrachtete den Inhalt. Eine Auszeichnung glänzte mich an. Für Oma und ihre vierfache Mutterschaft. In der blauen Schachtel lag das Mutterkreuz. Über Jahre schlief meine Oma neben dieser Naziauszeichnung. Hat aber nie ein Sterbenswörtchen darüber verloren. Seit 1938, am jährlichen Muttertag, wurde es damals verliehen. Richtig festlich und selbstverständlich mit der Presse im Rücken.

Die Vorschläge auf Verleihung einer Auszeichnung

übernahm der NSDAP Ortsgruppenleiter, der Bürgermeister selbst oder ein Beauftragter des Bundes der Kinderreichen. Mütter konnten sich nicht selbst bewerben. Kannten meine Großeltern Parteimitglieder, die sie auf die Liste gesetzt hatten? Oder waren sie etwa selbst Mitglieder der Partei?

Damals, als wir Omas Wohnung ausräumten, war ich vierzehn Jahre alt. In der Schule war die Befreiung durch die Alliierten, das Wüten der Nazis ein Thema. Oma erzählte nichts von diesem Fieber, das in Deutschland um sich griff. Sie sagte nichts über die Nachbarn, die plötzlich verschwanden, die Scheiben jüdischer Geschäfte, die eingeschlagen wurden, die Synagogen, die brannten. Sie schwieg über die lauter werdenden Rufen nach einem starken Mann.

Ich drehte die Schachtel in meiner Hand.

Das hier war echt. Kein Geschichtsbuch.

Das war nah, und das tat weh.

Das war meine Familie.

Jetzt waren es nicht mehr die anderen.

Meine Oma lebte noch. Sie saß neben mir und legte langsam zwei Blusen mit Schluppenkragen in ihren Koffer. Ich balancierte die Schachtel auf meiner Handinnenfläche, weit von mir weggestreckt. Fassungslosigkeit überrollte mich. Die Box mit dem Naziorden tanzte vor ihrem Gesicht. Ich schaute ihr in die Augen.

»Oma, wart ihr Nazis?«, fragte ich atemlos.

»Was fragst du da«, brüllte sie mich an. »Leg das weg. Du hast doch gar keine Ahnung«, zischte sie mir zu.

»Glaubst du etwa, dein Opa und ich wollten auffallen? Was hätten wir denn tun können? Wir wären doch auch abgeholt worden. Wir wollten unser Leben retten. Das ist alles so lange her. Kannst du denn keinen Schlussstrich machen?«

Ich legte die Schachtel langsam in meinen Schoß.

»Warum wirfst du so einen Scheiß dann nach Kriegsende nicht einfach in den Müll?«

»Fast alle haben das damals bekommen. Wir waren so.«

»Ja, so wart ihr«, sagte ich bitter. »Wer warst du im Krieg, Oma?« Ich hörte auf, ihre Flakons in altes Zeitungspapier zu wickeln. Als ich erneut zu ihr hochschaute, traf mich ihre Handfläche auf die rechte Wange.

Das war der Tag, an dem ich mich von meiner Großmutter entliebte.

Ich stehe vor ihrer Haustür. Drücke die Klingel. Warte. Warte auf Eva. Es ist Mittwoch.

Ihre Stimme schnarrt durch die Sprechanlage. Die vierspurige Straße schluckt ihre Worte. Ich warte darauf, dass sich der Schlüssel von innen im Schloss dreht. Schritte klackern die Altbautreppe hinab. Es sind schnelle Schritte. Stille. Als stünde jemand hinter der Tür und zögerte kurz. Ihr Schlüsselbund klimpert. Einmal. Zweimal drehen sich die Schlüssel mit Schwung um sich selbst. Die Tür geht auf. Evas Augen leuchten, wenn Tageslicht auf das Pupillenblau trifft. Zerbrechlich sieht sie heute aus. Die dunkelblaue Strickjacke und das meerblaue Halstuch stehen ihr gut.

Am Treppenabsatz umarmen wir uns. Ich habe Angst, sie zu zerdrücken. Während ich mich hinabbeuge und meine Arme um ihre zarten Schultern lege, fühle ich mich unnatürlich groß. Unsere flüchtigen Wangenküsse sind der Einstieg in die heutige Begegnung, von der wir nicht wissen, wohin sie uns trägt.

Wir lächeln uns geradeaus ins Herz der Anderen. Treppenhausvorvertrauen. Das Wintersonnenlicht klammert sich an die Wandfarbe im Flur.

Vom Leben reden. Wir schenken uns Zeit zum Reden. Ein Leben, das Leerräume hinterlässt. Das Aufzeichnungsgerät surrt leise. Die Kaffeemaschine tropft Wasser durch den Filter. Wir sprechen über Kriegstraurigkeit und Alpträume. Die lebenslange Sehnsucht nach der geliebten Familie. Den Versuch, den Lebensschmerz zu begreifen. Warten. Monatelang. Jahrelang hat Eva ihren Kompass der Liebe in Richtung der Eltern und des Bruders genordet. Hoffnung darauf, dass die Mutter sie wieder in die Arme nimmt. Wie damals, als sie ein kleines Mädchen war und ihre Mutter sie abends in den Schlaf wiegte. »Evalein, komm zu mir. Ich kämme dir dein Haar«.

Deportation und Zerstörung. Verlustkind. Verlustmutter. Verlustbruder.

Eva redet. Endlich. Mit Schulklassen. Mit mir.

Wir sitzen am Wohnzimmertisch. Es sind unsere Nachmittage. Kriegsnachmittage.

Die Zeit verschwimmt, wenn wir uns anschauen. An den Händen halten. Evas Stimme wird vor Schmerz manchmal ganz leise, manchmal schweigt sie. Sie hangelt sich an den wenigen Erinnerungen entlang wie an einer Hängebrücke. Ab und zu spricht sie so lautlos, dass ich meine Arme auf die Tischdecke lege und ihr mein Ohr entgegenstrecke.

Wir versuchen, den Ort zu betreten, an dem der Mensch vergessen hat, Mensch zu sein. Wir öffnen uns im Gegenüber, im zaghaften Aufblättern von Lebenswunden und Schmerzräumen. Sie ist elf und fünfundachtzig Jahre zugleich. Springt in den Jahrzehnten und sackt in sich zusammen. Ein Mensch. Ein Leben. So viele Wunden und so viele Narben. Sie verweilt nur kurz, wenn meine Worte auf ihre Trauer treffen. Sie galoppiert davon in langen Naturbeschreibungen, um sich die Alpträume nicht anschauen zu müssen. Wir legen das verschüttete Schweigen gemeinsam offen. Manchmal sind wir beide still und uns kommen die Tränen.

Evawunden.
Verlustwunden.
Menschheitswunden.
Deutschlandwunden.
Einlebenlangwunden.

Während wir sitzen und uns mit zaghafter Vorsicht begegnen, hetzen rechtsnationale Braundeutsche mit Blick auf den Einzug in Landtage über die Marktplätze. Das verstört mich. Macht mich wütend. Alte Geister toben gegen Minderheiten. Anderssein. Verboten. Leisetreter stampfen auf. Nicht immer mit Glatzen.

Das-wird-man-ja-wohl-mal-sagen-dürfen-Wutredner und ewig Gestrige versammeln sich allwöchentlich. Leben ihren Herzhass auf den Stadtplätzen aus. Ihre Brandworte vergiften. Brandbomben fliegen. Es sind keine Schattenmenschen. Sie zeigen ihr Gesicht und enthemmen sich. Sie sind unter uns und nennen schamlos ihre Namen. Nebenan. Freunde, Bekannte, Nachbarn, Politiker, die uns plötzlich durch die deutsche Kultur leiten wollen. Sie reißen sich die Masken vom Gesicht. Fratzenfressen. Die Angst vor Neuankömmlingen geht bei ihnen um. Wir sollen jetzt die Angst vor dem Anderssein verstehen. Warum?

Bräunliche Kindeskinder treten in die Gedankenstapfen ihrer engstirnigen Eltern. Hakenkreuze werden geschmiert.

Eva dreht sich um und geht vor mir die Treppe hoch. Mit zügigen, energischen Schritten erklimmt sie Stufe um Stufe. Vorbei am Treppenlifter ihres verstorbenen Mannes. Mit ihren fünfundachtzig ist sie schneller als ich. Immer geht sie vor mir in ihre Wohnung, und ich versuche, ihr, kaum hörbar schnaufend, zu folgen. Gelingt nicht. Was nimmt mir die Luft? Vor mir geht das Kind, das die Shoa überlebt hat. In Auschwitz. Ein Mädchen von elf Jahren. Evas Mutter hat sie in einen Zug gesetzt. In Budapest. Hastig den Davidstern vom Mantel entfernt. Nicht kontrolliert werden. Die Kinder, wenigstens die Kinder sollten überleben. An der tschechischen Grenze wartete der Fluchthelfer. Die Tante hilft. Mutter Valeria und der kleine Bruder Tamas wollen nachkommen. Der Vater ist schon seit Wochen im Arbeitslager.

»Versprochen, Evalein, wir kommen. Hab Geduld. Nur Geduld, mein Mädele. Sieben Nächte. Nur sieben Mal schlafen, und wir kuscheln wieder zusammen. Pass gut auf dich auf, mein Kind. Mein Leben.«

Ein letztes Winken. Ein letzter inniger Kuss. Das Mädchen wundert sich, warum die Mutter so zittert. Der Schaffner pfeift scharf. Aus den Augen.

Eva ist das Mädchen, das ohne Familie die Hölle überlebte.

Oben, im zweiten Stock angekommen, hängt sie ihre Strickjacke an der Garderobe auf. Die blaue Strickjacke baumelt langsam nach. Schwenkt hin und her, wie ein angeheiterter Matrose auf dem Holzbügel. Dieser ist mit dunkelgrünem Cord und einer goldenen Bordüre verziert. Der Kaffee läuft schon in die Kanne, als ich noch im Flur stehe. Das Parkett knarzt, wenn sie darüber läuft. Laufstraßen zeichnen den Weg. Wenig hat sich verändert in dieser Wohnung. Eine Familieninsel, deren Kinder entwachsen sind.

Es ist Evas Nest. Ihre Schutzzone. Das Klavier, der Bücherschrank, das alte Radio mit dem Drehknopf. Das große dunkelbraune Ehebett, der verspiegelte Ankleideschrank und die bezogenen Stühle mit der geflochtenen Lehne begleiten sie durch ihr Leben. Die Hochzeits-Enkel-Kinderfotos sind Zeugen für das Danach. Für das Weiterleben. Trotz allem. Neuanfangen, ohne Eltern. Neuanfangen mit Nichts als dem Überleben in der Hand. Neues aufbauen auf den Trümmern von Gestern. Nichts ist, wie es war. Und dennoch, die Verwundeten richten sich zaghaft auf. Auf ein Leben. Auch Eva.

Sie zieht den Stuhl näher an den Tisch.

»Setz dich. Willst du immer noch wissen, warum ich fünf Jahrzehnte geschwiegen habe?« Ich setze mich. Streiche mit der Hand über die gehäkelte weiße Tischdecke.

»Ja.«

»Warum?« Sie blickt mich an und greift nach einer Stoffserviette. »Sprich doch mit deiner Familie, wenn du etwas über die Nazis wissen willst. Sie waren doch auch dabei. Zeitzeugen wie ich.«

»Sie schweigen, Eva. Kaltes Schweigen. Trotz Nachfrage. Ich muss das Schweigen meiner Urgroß- und Großelterngeneration, ihrer Haltung dem Krieg und den Deportationen gegenüber brechen. Ich bin mit verharmlosten Anekdoten aufgewachsen. Mit *Das-haben-wir-ja-alles-so-gar-nicht-gewusst-Antworten* vertröstet worden. Die Bombe, die durch das Hausdach raste und im ersten Stock hängenblieb. Ein Blindgängereinschlag, in dessen Folge die Bohlen noch knarzten, als ich von den Partys frühmorgens zurück ins Bett schlich. Die Nächte in den Bunkern. Mein Vater an der Hand der Großmutter. Ängstlicher Blick hoch, über ihm die Kriegsflieger. Weitergezogen von der festen Großmutterhand. Diese wenigen Geschichten sind das Grundrepertoire, wie mir vom Nazideutschlandkrieg berichtet wurde. Sie wollten Opfer sein. Nicht mehr, nicht weniger. Kein Hinterfragen. Kein Zweifeln. Kein Schmerz? Ihre Lügen sind in mir verwachsen, reingekrochen in die Kindheitstage im Nachkriegswirtschaftswunderland. Wie ein im Haar verklebter Kaugummi haftet meine Familie an mir.«?

Bei Kaffee und Butterkuchen, statt Offenheit, der schwere Schweigeteppich der Vergangenheit. Das Unter-den-Teppich-kehren hat hier Tradition. Hebst du ihn aber hoch, bedroht dich die Fratze der Vergangenheit. Viele von uns müssten doch stolpern über ihre Familienhügel unter den Teppichen. Sie ziehen sich bis in meine Generation. In mein Verhalten. Wie oft bin ich darüber gestolpert. Ich will das nicht mehr.

Ich habe mich entschieden hinzuschauen. Den Teppich anzuheben. Ich gucke sie mir an, meine schwarzen Löcher, die abgeschnittenen Biografien, die Legendentusche. Meine Familie. Lasse mir erzählen und frage nach. Ich habe Angst vor den Antworten.

Doch wie bricht man das Schweigen der Generationen? Wie geht das? Und was macht das mit mir, mit den folgenden Generationen, mit meinem Land, wenn Scham nicht ausgesprochen wird? In den Augen meiner Oma breitete sich nie ein Tränennetz über das Gesehene. Wo verbuddelte sie ihren Schmerz und ihr schlechtes Gewissen? Ich frage mich, ob sie je eines hatte? Wie konnte sie auf diesen Scherben stehen? Unverletzt? Welche Minenfelder hat sie nie wieder betreten? Welche Erzählungen mit dem Hirnradiergummi gelöscht?

Wie bin ich durch all das geworden? Was bin ich geworden?

Wer wäre ich in dieser Zeit gewesen? Was hätte ich getan? Damals. Im Krieg. Hätte meine Angst auch mich meine moralischen Werte harpunengleich über Bord schießen lassen? Haben meine Vorfahren zugeschaut oder weggeschaut? Haben Opa und Oma, die mit mir in der Lüneburger Heide wandern waren und auf Wangerooge Wattwürmer ausgruben auch jüdische Familien denunziert? Bin ich in einem Großelternhaus in Bremen ein- und ausgegangen, später selbst eingezogen, das vielleicht einer deportierten Familie gehörte? Beim Suchen nach Spuren und Antworten ploppt die Angst auf, die eigene Feigheit in mir zu entdecken. Heute ist es leichter, mutig das Wort zu erheben. Dennoch schweigen. Es gab Menschen, die über ihre Schatten der Angst springen konnten. Sie handelten und hatten keine Ausreden. Und wenn nur einer gehandelt hatte, dann konnte keiner der Millionen Nichthandelnder sagen, es sei nicht möglich gewesen. Wären meine Großeltern menschlicher gewesen, sie hätten es erzählt. Es macht mich traurig, dass sie nicht zu den Mutigen zählten. Dass ich akzeptieren muss, was für mich nicht akzeptabel ist. Dass sie mitgelaufen, angepasst und vielleicht armgestreckt mitgetrampelt sind. In welchen Abgrund werde ich blicken?

Was machen die Antworten mit uns? Mit Eva. Mit mir.

3 WATTEWOLKENGLEICH

Wie ein Kuss unter Liebenden umschließen unsere Kinderlippen die Sommeraprikosen. Süße Frucht. Ihre Prallheit ist Lebenslust. Sommer zum Anbeißen. Eva pflückt die farbigen Fruchtbälle direkt im Garten vom Aprikosenbaum, der schwer an seinen Früchten trägt. Sie ist erst sieben. Dann acht und neun Sommer alt, als sie mit ihren Cousinen auf dieser grünen Insel hinter dem Haus lebt und lacht. Ferienzeit. Der Baum ist das Herzstück im sommerlichen Gartengrün. Mit jedem weiteren ungarischen Sommer wurde er kräftiger. Für Eva war das Blätterdach Proberaum fürs Puppenspiel, Schutz, Klettergerüst, Schattenspender und Picknick-platz. Er stand im großelterlichen wilden Garten. Aprikosengarten. Der betörend schöne Baum entfaltete sich Ende April. Erblühte. Trug Früchte. Und verlor seinen Blättercharme im Herbst. Er hielt verlässlich das Band beim Gummitwistspiel, schwang die Schaukel und war zentraler Abzählplatz beim Versteckspiel. Als verwurzelter Ohrenzeuge schwieg er, wenn unter seinen grünen Armen die Mädchengeheimnisse ausgetauscht wurden. Eva kletterte nie in seine Krone. Es zog sie nicht auf die wogenden Äste im Sommerwind. Sie bastelte lieber lange Gänseblümchenketten an seinem Fuße. Ein ruhiges Kind. Er liebt mich, er liebt mich nicht. Geduldiges Kind. Manchmal band sie ihre weißen Schleifen an ihren dicken Zöpfen noch fester, als die Mutter es am Morgen bereits getan hatte. Verträumtes Kind. Ihr dunkles Haar glänzte wie nasse Lakritze.

Die Mutter Valeria kämmte sie. Jeden Tag. Zog die Bürste durch das Haar und sang dazu leise ungarische Lieder. Behütetes Kind. Auch Erika, Evas Puppe, trug Zöpfe unter ihrem Puppenstrohhut. Viele Mädchen trugen Zöpfe in diesem Land. Von Zeit zu Zeit lehnte sich Eva an den rückenbreiten Baumstamm und zählte die Wolken. Cumulusreisen. Weit. Weiter. Wolkenweit. Wolkenwärts in ihre unbekannte Zukunft als größeres Mädchen. Als Frau, oder das, was sie als Zehnjährige unter Frausein verstand. Schäfchenwolkenträume nur mal eben in den Nachbargarten fliegen, oder wattewolkengleich um die ganze Welt. Eva faltete ihre blaue Strickjacke zu einem knubbeligen Kissen und fuhr die Umrisse der Wolken mit ihrem erdigen Zeigefinger nach. Die Stimme der rufenden Mutter im Ohr. Manchmal verändert sich die Wolke so rasch, dass sie es nicht schnell genug herum schaffte.

Mit einem Teller geschnittener Äpfel, Zitronenkuchen und Limonade weckte die Mutter sie aus ihren

Tagträumen. Der Opa brachte am späten Nachmittag eine Handvoll Karotten für die Hasen im Stall. Der war gleich hinter dem Gartenschuppen. Für die Mutter war es schwer, die grasgrünbefleckten Gartenkinder am Abend ins Bett zu bekommen. Sie wusste, irgendwann würde ihr kleines Mädchen den Koffer packen, der auf dem Dachboden nur darauf wartete. Der genau wie Eva bereit war, die Welt zu entdecken, wie alle elfjährigen Mädchen diese Welt entdecken wollen. Wild, ungestüm und mit offenem, neugierigen Herzen. Sommertage kamen und gingen. Die Luft hing schwer über dem großelterlichen Garten. Die Mutter rührte Glaskaraffen mit durststillendem Sirup an. Der Vater verließ am Morgen das Haus. Dekorierte die leichtere Sommerware im Schaufenster des eleganten Herrengeschäftes. Ab und zu begleitete Eva ihn. Sie trank dann Saft und wartete mit ihm auf Kundschaft. Sie liebte es, die weißen Hemden, glänzenden Gürtelschnallen und bunten Krawatten in der Auslage zu betrachten. Sie mochte es, wenn Ehefrauen ihre Männer in einem neuen Anzug musterten, einen Schritt zurücktraten und den Mann, mit dem sie ein Leben teilten, nochmal zurück in die Kabine schickten. Ein neuer Anzug, und erneut musste sich der Mann drehen, die Frauen zupften an Kragen und Hosensaum, als wären die Männer wieder kleine Jungs.

Kam der Vater am Abend alleine zurück, winkte er den tobenden Kindern zu, setzte sich mit einem Tee auf den Stuhl und las die Zeitung. Eva liebte diese Jahreszeit. Die Haustür stand immer offen. Tamas hüpfte zur Abkühlung durch Wasserpfützen, die sich neben dem Brunnen vor dem Haus gebildet hatten. Die großen Kinder aus der Nachbarschaft pumpten Wasser aus dem Brunnen hoch, die Kleinen liefen kreischend durch den sich bildenden Matsch. Sie sahen das Lächeln im Gesicht des anderen, bevor es abgeschickt wurde. Aprikosensommertage.

Bald würde die Schule für Eva wieder beginnen. Bald würde nichts mehr sein, wie es einmal war.

4 KÄLTETAGE

Der Motor meines Wagens springt erst beim zweiten Versuch an. Ich schaue durch die eisfrei gekratzten Scheiben und beatme sie von innen. Mein Atem klammert sich wie winzige Eisblumen sofort wieder an der Scheibe fest. Meine Handschuhe umschließen das Lenkrad. Frankfurt. Minusgradwinter. Minus sechzehn Grad. Heizungen werden hochgedreht, Autositze angewärmt. Mit heißem Hintern suche ich einen Parkplatz in Evas Viertel. In dicken Winterboots schlurfe ich über den vereisten Bürgersteig. Ein doppeltes Paar Socken liegt auf meiner Thermosohle. Ich klingele bei Eva und schaue meinen Atemwolken nach. Wie freigesetzte Schaumkronen verlassen sie rhythmisch meinen Mund. Komm schon Eva, denke ich. Öffne die Tür. Ich trete von einem Fuß auf den anderen, um nicht festzufrieren.

»Himmel, ist das kalt.« Ich rette mich in den wärmenden Hausflur, quetsche mich mit der dicken Skijacke an ihr vorbei. Sie schließt die Tür und schiebt zuvor eine kleine Schneewehe mit dem Fuß zurück auf den Bordstein. »Ja, die Kälte. Die kenne ich aus dem Lager.«

»Gab es da Handschuhe? Wenigstens für euch Kinder?«, frage ich ganz unbedarft.

»Du bist so naiv, Bärbel!« Sie dreht sich entsetzt um. » Weißt du nichts, oder willst du nichts wissen? Handschuhe waren Luxus und so weit weg wie der Mars.« Eva zeigt mir ihre Hände. »Weißt du, wie das ist, wenn du deine Finger nicht mehr spürst?«

Sie macht eine Pause und schaut an mir vorbei. »Meine Finger sind mir abgefroren. Erst wurden sie weiß. Dann taub. So taub, dass ich nachts davon aufwachte und sie einzeln wieder gerade bog. Knallrot ist die Warnfarbe, die letzte Stufe. Dann platzt die Haut auf.«

Sie schließt die Tür zu ihrer Wohnung auf.

»Glaubst du etwa, Bärbel, dass es irgendeinen KZ-Wächter interessierte, ob eine Elfjährige fror? Babys starben vor Kälte in den Armen ihrer Mütter. Oder glaubst du, sie gaben uns kuschelige Decken zum Aufwärmen? Wir standen da. Stundenlange Appelle. Im Winter. Sockenlos. Jammern bedeutet Tod. Frieren, bis du das Frieren nicht mehr spürst. Blaugefroren standen wir in den grobleinigen Anzügen im Freien. Schutzlos kroch mir die Kälte in die Knochen, ins Gehirn. Wir sollten sterben. Niemand war an unserem Überleben interessiert.« Sie dreht nervös einen Ring an ihrem Finger.

»Wenn ich heute Kaffee eingieße, denke ich an diesen Winter zurück. Meine knotigen Finger erinnern mich jeden Tag an diese Hölle. Taube Finger, die nicht mehr fühlten, was sie griffen. Finger, die im Dezember 1944 Steine schleppten. Vierzehn Stunden am Tag. Es waren Kinderfinger. Hasen-streichel-Finger. Puppen-anzieh-Finger. Ich hatte wirklich mal wunderschöne Hände.«

Ich musste an meinen Freund Jakob denken. Auch seine Mutter war als Kind im Konzentrationslager. Sie war meschugge, das sagt Jakob selbst. Richtig durchgeknallt. Als Kind musste sie miterleben, wie ein SS-Soldat ihrer Mutter beim Appell an die Brust griff. Jakobs Mutter war damals dreizehn. Hand in Hand standen sie und ihre Mutter im Schnee. Die Großmutter wischte die Hand des Soldaten weg. Schaute ihm fest in die Augen. Der Soldat ging einige Schritte zurück. Hielt seinen Blick auf Jakobs Oma gerichtet. Er hob sein Gewehr. Zielte. Drückte ab. Die Großmutter fiel zu Boden. Der Schnee verfärbte sich. Jakobs Mutter schrie auf und wollte sich niederknien. Eine fremde Hand riss das Kind zurück und rettete damit ihr Leben. Zufall? Schicksal? Der Soldat ging weiter durch die Reihen. Griff einer anderen Frau an die Brust.

Ich nehme Evas Hände in meine und streichele sie sanft. Ich fahre mit meinen Fingern über ihre Finger. Wir halten kurz inne. Schauen uns an.

»War der Schnee auch mal dein Freund, Eva?«

»Nur am Tag der Befreiung. Wie in Zeitlupe sehe ich noch heute, wie mich der Soldat in das Wintersonnenlicht trug. Zurück ins Leben. Zwischen Leben und Tod. Leicht wie eine Feder. Damals hat er mir Schnee unter die Nase gehalten, ich habe ihn vorsichtig gegessen.«

5 BEIEINANDER

Taubes Herz.
Nichts fühlen.
Nicht trauern.
Nach all den Jahren.

Ich bücke mich nach einem Kieselstein. Dann nochmal. Den zweiten Stein werde ich im Namen meines Mannes auf das Grab seiner Eltern legen. Meinen daneben. Als Zeichen, dass wir an sie denken. An die Toten. Die Lebenden berühren so die geliebten Menschen nach jüdischem Ritual. Mit einem Stein, der Ewigkeit symbolisiert, der da noch liegt, wenn wir den Friedhof längst verlassen haben. Eine Trauerspur aus Stein.

Meine Ledersohlen knirschen auf den Kieseln des Friedhofs. Die Steine unter den Schuhen vermischen sich mit dem Wintermatsch. Friedhöfe sind trostlos. Heute kommt er mir besonders trostlos vor. Ich bin traurig. Das Grün schläft tief unter der Grasnarbe. Beide Steine drehen sich im Spiel der Finger tanzend in der Hand. Die Bäume stehen, in sich gerollt, zitternd im Wind. Warten auf Leben, das aus ihren Wurzeln in die Zweige sprießt. Warten auf die Sommerfrische. Jetzt ragen ihre Äste, wie düstere Spinnenbeine, kahl und dunkelgrau über die Gräber. Ich grüße den Friedhofsmitarbeiter. Er nickt zurück. Sitzt hinter der Scheibe, zwischen Bergen von Papier. Abschied verwalten. Ich gehe zum Grab, so viele Totengeschichten. Wer wird sich in hundert Jahren noch ihrer erinnern? Lese Namen, Geburts- und Sterbedaten. Geburtsorte. Ein Mensch und seine Geschichte, eingemeißelt zwischen diesen wenigen Eckdaten. So viele Leben, so viele Tote. Ich stoppe hinter der Eibenhecke. Unter schwarz marmorierten Platten liegen meine Schwiegereltern. Beieinander. So, wie sie durch das Leben gegangen sind. Ab und zu fahre ich hin. Bringe Blumen, zünde die Kerze im Totenlicht an. Zu Lebzeiten sind wir uns nie begegnet. Leider. Ich spreche zu ihnen durch den dunklen Stein. Ich bleibe nie lange. Lange genug, um ihnen zu sagen, wie dankbar ich bin, dass ich mein Leben an der Seite ihres Sohnes verbringen kann. Lange genug, um ihnen zu berichten, wie glücklich ich über ihre Enkel bin. Ich erzähle vom Alltag. Dieser bunten, chaotischen, ereignisreichen, oft banalen Aneinanderreihung von Zeit. Schaue auf ihre Namen und rechne aus, seit wie vielen Jahren sich das Leben ohne sie weiterdreht. Auf dem Friedhof stehend, fühle ich mich aus der Zeit gefallen, auf mich zurückgeworfen. Nie wissend, wohin mit mir. Handlungsfrei stehe ich da.

Ab und zu bücke ich mich. Fege mit den Händen alte Blätter und herabgefallene Zweige vom Grabstein. Wenn kein Blatt meinen Blick stört, lege ich die beiden Kieselsteine auf die Kante der schwarzen Platte. Unter ihre Namen. Besuch am Erdzimmer der Endlichkeit. An der Anzahl der Steine ist abzusehen, wie viele Menschen noch an die Toten denken, sie besuchen.

Warum schreibe ich? Warum besuche ich Eva? Ich zupfe winterhartes Unkraut neben dem Grabstein. Was treibt mich, unsere Geschichten miteinander zu verweben? Ich bin ohne Krieg aufgewachsen. Reiner Zufall. Ich musste nicht um mein Leben ringen, rennen, noch flüchten. Wie Eva. Ich lebe heute, mit dem emotionalen Gedächtnis von gestern. Familiengedächtnis. Verdrängungsland. Täterland.

Ein Teil meiner Lehrer hat uns gelehrt hinzuschauen. Zuhause das große Schweigen. Die Demokratie stabilisiert sich in Deutschland. Das Familiengedächtnis will sich nicht erinnern. Für das Ob, für das Warum und die Frage »Was hattet ihr damit zu tun«, war wenig Platz. Auch in meinem Zuhause. Dabei dachte ich, wir tragen alle das Wissen über das Puzzle der Gewalt in uns. Ich verdrängte, dass Geschichte auch immer Familiengeschichte ist. Die Mitläufer, Anhänger, Propagandaschleife, die gewaltsamen Übergriffe haben sich doch in den Generationen gespiegelt. Ich bin bei Reisen ins Ausland mit ihnen konfrontiert worden. Stellvertretend. Man beschimpfte mich als Nazideutsche. Meinte damit meine Eltern und Großeltern. Alle Eltern und Großeltern.

Wenn Klassenkameraden nach Holland in den Urlaub fuhren, verriet das deutsche Kennzeichen, dass sie aus dem Land der Mörder kamen. Eines Abends kniete der Vater, nach einem langen Sommertag, mit dem Kopf unter dem Auto. Neben sich der Wagenheber. Seine ölverschmierten Hände versuchten den Ersatzreifen zu montieren. Eine Hand voller Wut auf Nazideutschland hatte seinen Reifen zerstochen und ein Hakenkreuz in den Sand geritzt.

Wir haben Steven Spielsbergs Shoa-Film geschaut. Waren auf Anti-Nazi Demos. Stundenlange Diskussionen und immer wieder die Frage. Warum? Das mit dem Krieg, das war nichts Deutsches. Das mit dem Judenhass, das war nichts Neues. Aber Auschwitz. Das war etwas Neues. Das war etwas Deutsches. Wie lebte meine Familie nach all dem? Wieso erstickten sie nicht an ihren Verstrickungen? In welchem Schließfach hatten sie ihre Gefühle eingesperrt? Und ich? Ich habe die Häuser in Hoyerswerda und Mölln brennen sehen. Ich sehe die neuen, die jungen, die alten Nazis in deutschen Städten gröhlen. Sehe ihren Hass. In Ost und West. Pöbelnder Pulk vor flammenden Häusern. Und danach ging es weiter. Mitten in Deutschland.

Jeder hört den Hass. Wir wissen von den Nazimorden, die teilweise von Behörden ver-und gedeckt werden.

Machen wir es heute besser?

Mache ich es heute besser?

Widerspreche ich einem Freund oder Kollegen, der mittlerweile viel unverschämter und enthemmter rassistisch, menschenverachtend argumentiert? Nutze ich Demonstrationen, die sich gegen Nationalismus und Menschenhass richten? Was initiiere ich, um für eine Welt zu kämpfen?

Nicht genug.

Nie genug.

Zurück am Ausgang des jüdischen Friedhofes wasche ich mir die Hände. Am Auto schlage ich die Kieselsteine aus meinen Schuhen. Sie rieseln aus den Sohlenritzen. Ich fahre direkt zu Eva.

Klingeln. Begrüßung. Treppe hoch.

Heute hat die Geduld einfach keine Geduld.

»Hallo, Bärbel.« Blass sieht Eva heute aus. Sie deutet stumm auf den Stuhl. Ich lege meine Tasche ab, und sie setzt sich.

»Ich kann einfach nicht aufhören zu weinen«, sagt sie. »Ich weine leise. Ich weine laut.« Stille. »Gestern stand ich an der Kommode, über der das Foto meiner Mutter jetzt hängt. Abgestaubt und angeweint habe ich es. Ein Foto. Ein Stück Papier und dennoch: Wenn ich sie ansehe, denke ich sofort an Auschwitz.

Dort habe ich alles verloren. Für diesen Verlust gibt es kein Fundbüro. Meine Kindheit. Meine Würde.

Mein Menschsein.

Mein Leben.

Mein Urvertrauen in Menschen.

Wie abgeblätterte Wandfarbe, die du nie wieder auftragen kannst. Erst bröckelt die Farbe, dann der Putz. Wie offene Stromkabel liegt der Schmerz vor mir. Die Fassade kracht ein, und ich stehe schutzlos da. Der Mensch ist ein Tier. Er verroht innerhalb weniger Stunden, wenn es um das Überleben geht. Zivilisation ist fragil. Im Ausnahmezustand kannst du dich nicht darauf verlassen. Es sind Etappen, in denen sich die Liebe, der Frieden verabschiedet. Die Schlinge zieht sich enger. Dann liegt das Rohe des Menschen vor dir. Sein Hass, seine Wut springt dich an wie eine wütende, unkontrollierbare Bestie. Du bist mittendrin im Abschlachten und klammerst dich an Werte, die es längst nicht mehr gibt. Du erinnerst dich an die Liebe, vage, dann wird sie blasser und bleibt nur noch ein Traum. Du vergisst am Ende sogar die Liebe in dir, die Liebe zu dir selbst.

Wann haben wir Menschen verloren, aufeinander Acht zu geben? Kein Wort ist bisher über meine Lippen gehuscht. Kein Sterbenswort. Zu niemandem. Zu wem? Wer kann das Grauen verstehen? Doch wirklich nur die, die da waren. Wer will mit mir noch einmal diesen Höllenort betreten? Will ich ihn in Gedanken nochmal durchschreiten? Wohin hat sich mein erlebtes Grauen schweigend verkrochen? Das frage ich mich so oft. Wenn ich hier sitze und sehe, wie sich das Licht durch die Gardinen arbeitet. Wenn ich die Last der Minuten spüre. Warte und nicht weiß, worauf ich warte. Meine Augen haben so viel gesehen. Weder zu meinem Mann noch zu meinen Tanten, geschweige denn zu meinen Kindern habe ich darüber ein Sterbenswort verloren. Der Schmerzensort in Polen hat mir über Jahrzehnte das intensive Trauern versagt. Ich habe keinen Schmerz gefühlt. So groß war Schmerz, dass ich wie ein einsamer emotionaler Zombie durch mein Leben taumelte. Ich hatte keine Tränen in mir. Konnte nicht für und um die Toten weinen. Schockstarre des Herzens. Der Schmerz brüllt unerbittlich in mich hinein. Ich war nur noch eine Nummer.«

Langsam schiebt sie ihre Bluse hoch. Hält mir ihren linken Unterarm entgegen. »Die Nummer A-26877. Namenlos. Das war ich. Hier, guck hin.« Die Tätowierung sieht ein wenig verschwommen aus. Da treten die Zahlen aus der Unschärfe deutlich vor meine Augen.

»Darf ich sie berühren?«, frage ich zaghaft. »Ja, fass sie ruhig an.« Meine Hand schwebt zitternd über ihrem Arm. Ich beuge mich hinab und streichele sanft darüber. Küsse sie.

»Diese fünf Zahlen sind der Beweis. Es ist passiert. Realität. Wahrheit. Traurige, blutige Wahrheit. Ich war das Mädchen mit der Nummer A-26877. Ich bin ein Mensch mit einer Nummer im Arm. Ohne Betäubung geschah das. Dabei war ich doch noch ein Kind. Wie Vieh gebrandmarkt.«

Ich sehe auf ihren Unterarm und möchte weinen. Zwei Frauen. Zwei Generationen. Zwei Welten.

Eva tupft ihr Taschentuch an den linken Wimpernrand. Macht eine ungeduldige Handbewegung. Ich atme durch. Das Mädchen, dessen Sommersprossen auf ihrer Nase Trampolin hüpften. Das Mädchen, das das Große Einmaleins schon konnte. Das Kind, das Erbsen und Vanilleeis liebte. Das Mädchen sollte ausgelöscht werden. Wie überlebt man Auschwitz? Wie überlebt man diese Hölle als Kind? Ich verstehe das nicht. Hätte ich weiterleben können? Wie viel hing vom Zufall ab, wer es schaffte und wer nicht?

Ich tunke meinen Keks in die Kaffeetasse.

Die Fragen wollen heute nur schwer aus meinem Mund. Die Worte kleben mit Widerhaken an der Innenwand der Wangen. Was sind Worte gegen Evas Verlust.

»Jahrelang bin ich durch das Leben gestolpert. Liebe suchend. Habe die Arme wie Schmetterlingsnetze ausgebreitet und wollte meine Eltern damit einfangen. Unser Zuhause wieder aufbauen. Selbst in der

Warteschleife habe ich neues Leben geschenkt. Eine Familie gegründet. Um die Verlustlücke meiner Wurzeln zu füllen. Den Schmerz zu stillen. Gegen diese ewig blutende Wunde gab es kein Trostpflaster. Dieses große Schmerzloch in mir, das mich seit Jahren von innen auffrisst. Wie gerne würde ich mich in die Arme meiner Mutter kuscheln, mir von ihr die Haare bürsten lassen. Verzweifelt habe ich mich nach Liebe gesehnt. Elternliebe ist nicht ersetzbar, muss ich heute sagen. Liebe habe ich verschenkt, wie eine Traumfängerin. Ich wurde erwachsen und blieb innerlich immer das Kind, das noch Jahrzehnte auf seine Eltern wartete. Wartete. Immer nur wartete. Taubes Herz.«

Während Eva mir das erzählt, halten wir uns an den Händen. Weinen zusammen. Ihre Worte hängen in meinem Brustkorb. Wie gefangene Vögel flattern sie um mein Herz. Ich traue mich hinzuhören. Fragend sitzenbleiben. Will Aufspringen. Ich will die Fenster aufreißen und schreien. Lauthals schreien in diesem Land des Schweigens. Den Schmerz rausschreien, Evas Schmerz. Will ihn kleinbrüllen und wegbrüllen. Ich will das Kind in ihr umarmen und trösten. Zu spät. Alles zu spät.

Wie konnte sie danach weitermachen? Wie kann sie jetzt nur so still und leise weinen? Wie kann sie nicht schreien? Stumme Wut. Kleine, zarte, verletzte Eva Diamant. Sie spricht weiter. Die Worte fallen in langen Sätzen aus ihrem Mund. Ungeduldige Wortketten verschlingen sich zu schmerzhaften Wortschlangen. Vergangenes sitzt mit uns am Wohnzimmertisch. Wird zum Heute. Angst kriecht unter die gehäkelte Tischdecke, unter die Zuckerdose. Eva knetet ihr Papiertaschentuch und spricht weiter. Nicht den Raum verlassen. Kein Wort will ich verpassen. Sie spricht, endlich.

»Ich habe schlimme Dinge erfahren. Ich wurde geschlagen, gedemütigt und deportiert. Ich weine um das, was mir genommen wurde. Fünf Jahrzehnte waren meine Lippen versiegelt. Meine Mutter ist und war mein Sehnsuchtsort, nur ihr hätte ich alles anvertraut. Ich habe mich versucht aufrecht zu halten nach Auschwitz, mich dem Leben erneut gestellt, alles nur für meine Mutter. Nicht für mich. Für ihre Liebe, die mir so unendlich fehlt. Mein Elternhaus. Meine Kindheit. Mein Glück und meine Familie. Mein Onkel Imre und meine Tante Olga, die kinderlos waren und die Shoa überlebt haben, versuchten in den ersten Jahren, mich immer wieder und wieder mit den Worten zu trösten: »Sie wird kommen, Eva. Sie wird sich bestimmt bei dir melden.«

So habe ich gewartet. Jahrzehnt um Jahrzehnt. Heute bin ich Mitte achtzig und habe bis letztes Jahr auf meine Mama gewartet. Sieben Jahrzehnte auf ein Lebenszeichen. Ich wartete Tage, Wochen, Monate und Jahre auf sie. Dazwischen ging ich zum Tanz. 47

Sang im Chor. Ging ins Kino. Ich wartete und verschwieg den Krieg. Ein Kind ohne Eltern gewesen zu sein, bricht mir noch heute das Herz. Das kann und werde ich nicht verzeihen. Sie haben mir meinen Sehnsuchtsort und meine Schutzpatronin genommen, meine Mutter. Ich heiratete und bekam eine wunderbare Tochter. Niemand stellte mir eine Frage zu Auschwitz. Ich arbeitete und konnte nicht weinen. Alle haben einfach geschwiegen und weitergemacht. Auch ich.«

»Aber ich konnte mich nicht von meiner Mutter verabschieden. Ich weiß bis heute nicht, warum sie mich in den Zug gesetzt hat. Weil ich von uns Kindern die Ältere war? Die Chancen für mein Überleben waren mit Sicherheit größer als die meines siebenjährigen Bruders. Sicherlich hat sie das lange mit der Familie flüsternd in den Nächten diskutiert. Keiner hat glauben wollen, dass die Nazis alle auslöschen wollen. An ein Arbeitslager haben wir vielleicht gedacht, aber nicht an die Vernichtung und Auslöschung. Das war so unvorstellbar. Ich bin mir sicher, sie wollte nachkommen. Die Flucht ist ihnen aber nicht mehr gelungen. Diese kalten Mörder haben mir viel genommen. Die Wunde spüre ich jeden Tag. Bis auf mein Totenbett wird mich dieser Schmerz begleiten. Die Schmerzensschreie meiner Eltern und meines Bruders, meiner Cousinen sind verstummt. Solange ich kann, werde ich über sie sprechen. Damit ihr Schmerz nicht verstummt. Damit die Welt von ihrem Leben und Leid erfährt. Vielleicht werde ich neunzig, innerlich bleibe ich das Kind, das seit dem elften Lebensjahr nicht mehr von seiner Mutter umarmt wurde. Ich sitze vor dir und sehne mich nach dem Gute-Nacht-Kuss meiner Mutter. Ich bin das Kind, das immer stark sein musste. Dabei war ich nie stark. Ich war lange eine Träumerin, eher zart und schüchtern. Ich wurde erst stark in Auschwitz. Ich musste stark werden durch den Verlust der Liebe.«

Eva streicht mit ihrem Daumen immer und immer wieder ihr Papiertaschentuch glatt. Wir weinen zusammen.

»Du warst ein Kind, und du hast es alleine geschafft zu überleben, bestimmt ist deine Mutter mit dem Gedanken gestorben, dass du lebst.«

»Das hoffe ich auch. Wie kann eine Mutter nur diese Entscheidung fällen. Du hast selber Kinder, Bärbel. Welches Kind gebe ich ab. Ihr Kopf muss gerast haben. Leider habe ich meine Tante nach dem Krieg nie gefragt, was meine Mutter bewogen hat, gerade mich wegzugeben. Mich alleine auf die Flucht zu schicken. Hat sie mich weniger geliebt als meinen Bruder?«

»Nein, Eva. Sie musste in barbarischen Zeiten überlegen, wer überlebt.« Ich beuge mich zu ihr vor und schaue ihr in die Augen.

»Ja. Du hast bestimmt recht. Ein zerstörerischer Krieg muss diese Entscheidung zwischen Kopf und

Herz gewesen sein. Ohne befriedigende Lösung für eine Mutter, die liebt. Sieh deine zwei Jungs an. Ich frage dich nochmal: Wen gibst du weg? Unvorstellbar. Ich verstehe das einfach nicht. Sie schaffte es. Hoffentlich war ich ihr letzter guter Gedanke. Das würde mich trösten, wenn sie mit dieser Hoffnung auf mein Überleben gestorben ist. Ich bin da, und ich lebe.« Hitler hat also nicht gesiegt.

Sie lächelt müde. Holt uns an diesem Nachmittag noch einen weiteren Kaffee aus der Küche.

Ich sitze auf meinem Rudergerät. Im Badezimmer.
Vierter Stock Altbau. Heute habe ich Lust zum Rudern. Schnell schiebe ich die Füße unter die Klett-
gurte. Linker Hand vom Gleitsitz die Flasche mit dem
Wasser. Rechts das hellblaue Handtuch. Vielleicht
komme ich heute ins Schwitzen. Einatmen. Ausatmen.
Die Hände umgreifen fest die gepolsterten, schwarzen
Rudergriffe. Meine Augen sind auf den digitalen Start
gerichtet. Startschuss. BAM. Cooler Soundeffekt. Der
Wassersimulator macht schon beim ersten Zug ein
flussartiges Plätschergeräusch. Kräftig durchziehen,
reinkommen in die Bewegung.

Heute bin ich ehrgeizig. Will gegen den Computer
gewinnen. Mein Hintern schwebt über ein Nebenei-
nander aus quadratischen Kacheln. 10 x 10 cm matt-
weiß. Ich rudere auf dem langen ruhigen Kachelfluss.
Es rudert mich. Nichts stört das rhythmische Gleiten.
Ich kann nicht aufhören, am Riemen zu reißen. Reihe
im Badezimmer Meter an Meter auf der digitalen An-

zeige. Ich mache die Arme lang und beuge sie wieder auf Brusthöhe. Zug um Zug pumpt sich mein Bizeps auf. Ich atme schneller. Der Computer liegt momentan vorne. Wahrscheinlich ist das wie beim Schachcomputer oder den Teddyautomaten auf der Kirmes. Die Maschine gewinnt immer.

Es tut gut, mich zu spüren. Die Knie beugen und strecken sich. Das Linke knackt ab und zu unterhalb der Scheibe. Ich ignoriere es. Ich rudere. Das Gerät piept. Pause. Pulsmessen, Meter zählen. Die erste Trainingseinheit ist vorbei. Ich trinke einen Schluck aus der Flasche und lösche die kehlige Trockenheit. Erneutes Piepsen. 30 Sekunden sind vorbei. Zurück an die Riemen. Der Countdown zur 2. Runde läuft:

3-2-1-weiterrudern. Ich mache auch noch eine dritte Runde.

Der Lärm der Straße übertönt jetzt den Plätschersimulator. Draußen hupen und bremsen die Autos. Vuvuzela-Feeling. Langsam spüre ich meinen unteren Rücken. Schwitze an der Stirn, zwischen den Brüsten. Bemerke die Bauchmuskeln, die, wie nach einem langen Winterschlaf, ihre straffenden Fäden neu ziehen. Sie erobern sich ihren Raum zurück.

Ich liebe es, mit der Handfläche über frisch geschmirgelte Holzboote zu streichen. Atme gerne den Geruch der Lackierung ein. Immer habe ich in Städten mit Flüssen gelebt. Die alten Segelclubs flussabwärts mit ihren Bootshallen haben mich auf Spaziergängen oft angezogen. Ob in Bremen an der Weser, in Paris an der Seine, in Köln am Rhein oder in Frankfurt am Main – nie bin ich einem Ruderclub beigetreten. Bin nie auf echten Gewässern mit den Ruderblättern ins Wasser getaucht.

Am Tag reizt mich das Rudern nicht. Ich brauche die Nacht dazu. Erst wenn die Kinder schlafen, erobere ich den Kachelfluss. Werde zur Nachtruderin. Ich rudere, um meinen Kopf zu beruhigen. Schaue in den Abendhimmel des offenen Fensters, um anzukommen. Bei mir. Jage die Nachtluft durch meine Lungen. Atme sie Zug um Zug wieder aus. Der Computer führt.

Eva wohnt seit Tagen unter meiner Schädeldecke. Hat sich in meinem Herzen eingerichtet. Dünnhäutiges Herz. Ich will weg. Will ihre Traurigkeit wegrudern. Das Grauen der Deportationen in jedem Ruderzug ertränken. Will Auschwitz vergessen. Rückgängig rudern. Will ins Bett gehen können und nicht an die Toten denken. Fühle mich schlecht, dass ich so denke. Ich will nur *Rudern* denken. Nicht aufgewachsen sein im Land der Mörder. Nicht gefragt zu haben, die Großeltern. Nicht immer und immer wieder gefragt zu haben: Was habt ihr verdammt nochmal getan? Weiterfragen. Weiterrudern. Zug um Zug erhöhe ich meine Schlagzahl. Durch meine Fragen hätten sie gewusst: Wir, ihre Kinder und Enkelkinder, wir wissen von ihrer Hoffnung auf Vergessen. Wegwischen. Als hätte es das alles nicht gegeben. Weg damit. Nach dem Motto: Was haben wir damit zu tun gehabt? Das ist alles so lange her! Irgendwann muss doch Schluss sein. Und das Wann, das bestimmen nur wir.

Wir wissen, dass sie kaltherzig weggeschaut haben und mitgelaufen sind. Der Rudercomputer und ich sind im Rennen um den Zieleinlauf gleichauf. Die letzten Sekunden zählen sich digital herunter. Ich spüre die Spannung der Muskeln unter der Haut. Werde ich es aushalten? Das Leben ist kein langer ruhiger Fluss. War es nicht für Eva. Meter um Meter weiter. Immer weiter auf dem Kachelfluss. Nicht aufgeben. Weitermachen. Wie Eva. Jeder Tag ist ein Tag. Ende der Trainingseinheit. Zieleinlauf. Der Computer ist der Sieger. Für heute.

Ich werfe den Oberkörper erschöpft auf meine Oberschenkel. Die Griffe baumeln lose neben der Halterung. Ich atme kräftig. Greife nach dem Handtuch. Runter vom Rudergerät. Eiskalt den Schweiß abduschen. Schnell noch an Eva eine SMS:

Liebe Eva, Mittwoch 16.00 Uhr bei dir?

Herzlichst, Bärbel

IRGENDJEMAND MUSS ES JA GEWESEN SEIN ...

... der denunziert

... der Hitler gewählt

... der Befehle ausgeführt

... der zugeschaut

... der Nachbarn verschwinden gesehen

... der die Uniformen genäht

... der die Parteibücher ausgefüllt

... der die Synagogen angezündet

... der dabei zugeschaut

... der die Hunde angeleint

... der nicht mehr bei Juden gekauft

... der Nummern in Arme gebrannt

... der Listen geführt

... der Menschen in Züge geprügelt

... der Züge in die Lager gefahren

... der die Haare abrasiert

... der die Gasöfen angestellt

... der Appelle durchgeführt

... der Erschießungen vorgenommen

... der die Asche zusammengefegt

... der die Leichenberge gesehen

hat.

Mein Großvater rasierte sich gerne mit einem Pinsel. Elektrische Rasierer lehnte er ab. Jeden Morgen tanzte der borstige Schaumfänger in einer kleinen Tonschale auf einem Seifenstück hin und her. Voller und voller sog sich der Pinsel mit Schaum. Dieser landete dann mit schmatzenden satten Geräuschen auf seinem Gesicht. Sein Bart wuchs unregelmäßig. Es gab stoppelfreie, kreisrunde Inseln am Hals. Morgen für Morgen fuhr er mit dem scharfen Rasiermesser blitzschnell über die Wangen und das Kinn. Dabei drückte er seine Zunge immer von innen an die Hautpartie, die er gerade von nachwachsendem Haar befreite. Kratzend zog er die Klinge weiter runter bis zum Adamsapfel und wieder hoch über den Unterkiefer. Jeden Tag die gleichen Bewegungen, die gleiche Strecke im Gesicht. Eine immer identische Abfolge. Die weiße Paste verdeckte sein gesamtes Gesicht. Er sah aus, als hätte ihn jemand in den Schnee geschubst. Durch ein winziges Luftloch, was sich zwischen den Lippen Raum geschaffen hatte, atmete er ein und aus. Er sah aus, als pfiffe er stumm. An den Nasenlöchern flatterten winzige Schaumfähnchen. Das Wasser lief bei der Rasur ins Becken und über den gesamten Waschtisch. Nie beugte er sich weit genug nach vorne, um das zu vermeiden. Im Regal, bei den Frotteetüchern, stand sein kleines Radio. Er brummte die Lieder auf den noch müden Stimmbändern mit, mehr als dass er sie sang. Bei den Nachrichten grunzte er anerkennend in seinen Schaumbart oder schüttelte gemeinsam mit seinem verschlafenen Spiegelbild den Kopf. Dann beugte er sich mit den geöffneten Handinnenflächen hinab zum eiskalten Wasserstrahl. Schüttete sich zwei Handvoll Nass ins Gesicht. Ein leises »OH« entfuhr ihm. Rosige Altmännerwangen leuchteten aus dem Spiegel zurück. Das Wasser flutete spätestens jetzt den Badezimmerboden. Wie ein zu früh gealtertes Baby schaute er in den neuen Tag. Wenn er das kleine Handtuch wieder auf die Stange schob, war das einer der wenigen Momente, an denen er freundlich lächelte. Sich selbst anlächelte.

Überhaupt wurde in unserer Familie nicht viel gelacht. Obwohl vier Kinder das Elternhaus meines Vaters eroberten, drang wenig Kinderlachen durch die Flure. Mein Vater und seine Geschwister spielten meist draußen, so erzählte er mir. Liefen selbstständig zum Kindergarten, durch die zerbombte Nachbarschaft. Die Großen hatten ein Auge auf die Kleinen. Mit Murmeln, Kasperletheater oder Verstecken vertrieben sich die Kinder die Zeit. Viele mit dem Schlüssel um den Hals. Wenn meine Oma aus dem Fenster pfiff, jede Familie hatte ihren ganz eigenen Spezialpfiff, hoben alle Kinder die Köpfe und liefen nach Hause. Einmal in der Woche badeten sie zusammen in der großen Zinkwanne. Die Ältesten begannen. Bei den Jüngsten war das Wasser schon trüb. Die Wanne stand im Keller. Die Uroma trug den großen Waschbottich hinunter, schüttete heißes Wasser nach. Im Winter dauerte es, bis die rotgefrorenen Fingerspitzen wieder die Farbe der Haut annahmen.

Meine Großmutter war für die Erziehung verantwortlich. Sie war keine Kuschelmutter. Der strenge Typ. Formten sich ihre wasserblauen Augen zu dünnen Sehschlitzen, wussten auch wir Enkel: Gleich droht Gefahr. Bei Zahnschmerzen galt es durchzuhalten, nicht zu weinen. Kaum ein Anlehnen im Kummer war möglich. Schmusen – eher etwas für Schwächlinge. Gerade sitzen, das war ihr wichtig. »Sitz aufrecht, sonst schieb ich dir den Besenstiel durch die Ellenbogen«, sagte sie noch zu mir. Ein Gespräch mit ihr konnte so verlaufen: »Iss, was auf dem Teller liegt. Keine Extrawurst. Nimm nicht zu viel Butter. Es gibt Steckrüben und Kartoffelsuppen. Nur an den Sonntagen essen wir Fleisch. Sonntagsbraten. Ruhe! Sitz gerade. Spielt draußen, der Opa schläft. Ruhe! Beim Essen spricht man nicht. Tischgebet. Der Großvater wird zuerst bedient. Danach die Jungen und später die Mädchen. Sitzt gerade. Ist dein Rücken aus Pudding? Erst aufessen, dann aufstehen. Erst abwaschen und abtrocknen, dann spielen. Nimm deinen kleinen Bruder mit raus.«

Anstand war ihr wichtig. Verbote-Oma. Wer nicht parierte, bekam einen Baks, einen leichten Schlag auf den Hinterkopf. Hat noch keinem geschadet. Die frechen Kinder wurden ins Bad gesperrt. Das Trommeln der Kinderfäuste wurde mit den Stunden schwächer. Die Tür blieb zu, berichtete mir mein Vater. Wutränen landeten im Klopapier. Die kalte Oma hörte weg. Der Opa arbeitete schwer. War wenig zuhause und verkaufte seine Waren im Norden des Landes. Erweiterte den Kundenstamm. Er war der Herr der Badewannenpfropfe, Kochtöpfe, Tresore, Blumentöpfe, Wäschespinnen, Handtuchhalter und Duschkabinen. Haushaltswaren. Es ernährte seine Familie und wuchs zu einem Großhandel heran. Eine Zeitlang gab es sogar Mitarbeiter. So geduldig, wie er bei der Kundschaft auf Aufträge wartete, so ruhig war er zuhause. Er sprach wenig. Schlug nie zu. Ich saß gerne auf dem Schoß von Opa.

Mein Vater erzählte mir, dass meine Uroma öfter die Großmutter ermahnte: »Sei nicht so streng!« Sie antwortete: »Kinder brauchen eine harte Hand. Das Leben ist hart. Weichlinge haben es schwerer.« Sie machte eine kurze Pause. »Mutter, du warst bei mir auch nicht besser.«

»Wie meinst du das?« fragte die Uroma erstaunt. »Wann hast du mich denn mal umarmt?« Uroma schälte schweigend die Kartoffeln. Mit Schweigen kam man weit in unserer Familie. Das kalte Schweigen. Diese ablehnende Verweigerung, sich zu äußern, war eine Familienwaffe. Bis zur Ignoranz wurde alles, was ein Problem darstellte, weggeschwiegen. Unter den Teppich geschwiegen. Als hätte es nie einen Konflikt oder Gesprächsbedarf gegeben. War die Mauer der Sprachlosigkeit erst mal zwischen zwei Familienmitgliedern errichtet, wurde nichts je wieder angesprochen. Wie vermintes Gelände umschiffte man den Dialog. Keine der beiden Seiten gestand dem Gegenüber, dass es Gesprächsbedarf gab. Irgendwann traf man sich in neutralem Themenland: Beim Wetter, beim Fußball.

Selbst in ihrem hohen Alter wollte Oma mich weiterhin nach ihren Regeln erziehen. Machte ich mit ihr, als ältestes Enkelkind, einen Ausflug auf dem Weserdampfer, kam ich am Abend mit Sätzen wie: »Auf der Straße isst eine Dame nichts, und Mädchen rauchen nicht«, zurück nach Hause. Rauchend hörte meine Mutter mir zu. Lächelte. Ich liebte meine Oma. Trotz allem.

Mit dieser Endlosschleife an engen Lebensleitplanken konfrontierte die Oma ihre Kinder. Woher wussten die Großmütter, was das Beste für ihre Kinder war? Das moralische Korsett und Anstandsregeln können ein richtiger Entwicklungsknast sein. Das strenge Band flatterte nicht nur durch unsere Familie. Ein Zwangsraum, aus dem du dich selbst mit der schärfsten Feile der Welt nicht mehr in die Freiheit feilen kannst. Die Kinder fragten nie *warum*. Ich frage mich heute: Warum nicht? Sie widersetzten sich kaum. Gehorchten wie brave Kinder eben damals gehorchten.

Ein kontrolliertes Elternhaus, in dem es weder an warmem Essen noch an sauberer Bettwäsche, dafür an Wärme und Liebe mangelte. Das ist die Familie, aus der mein Vater stammt. Kein wärmendes Nest. Kaum Streicheleinheiten, erzählte mir mein Vater. Kein liebevoller Blick auf ihr Tun. Zur Begrüßung gab man sich die Hand. Keine Zuneigung zum Kind war der Alltag. Alle funktionierten, der eine oder andere verließ bei erster Gelegenheit die Familiengemeinschaft.

»Es war, wie es war«, sagte mein Vater später oft dazu. Es bricht mir das Herz, wenn er von diesem Kälteort erzählt. »Wir sind aufgewachsen nach dem Krieg. Geboren im Krieg. Da war keine Zeit zum Kuscheln. So war das eben.« Seine Stimme klang nicht anklagend. »Wir wurden nachts aus unserem Traumland vertrieben. Arsch gerade warm, Fliegeralarm. Vom Sirenengeheul oder dem hart zupackenden Griff der Mutter aus dem Bett gerissen. Schlaftrunken eilig in den Bunker gezerrt. Jede Minute zählte. Schnell noch die Thermoskanne für die neugeborene Schwester. Zum Bunker in der Nachbarschaft rennen. Dort saßen wir mit den anderen weinenden Kindern aus der Nachbarschaft, die, wie wir, in Schlafanzüge und Decken gehüllt waren. Bunkergrab. Mit den schreienden Alten und ängstlich Verstörten, während draußen die Bomben auf unsere Stadt regneten. Da war wenig Platz für Träume. Die Eltern sprachen oft davon, wie sie sich als Opfer fühlten. Aber wir waren die Täter. Die Großeltern waren Täter. Wir Kinder wussten nichts. Lass mich also in Ruhe mit deinen Fragen. Diese Zeit ist vorbei.« Er schnaufte wütend: »Lass mich in Ruhe damit. Ich will nur in Frieden weiterleben.«

»Wie geht das Weiterleben, wenn du nicht fragst? Nicht nach Antworten suchst? Ich kann das nicht. Bombenregen sickert doch nicht einfach ins Grundwasser, Papa. Du hast die Trümmer gesehen. Darin gespielt. Die Splitter der Zerstörung haben sich in unsere Familien gebohrt. Stecken fest in uns« hakte ich nach. »Ich glaube, es macht etwas mit uns als Familie. Was die Rolle deiner Eltern, meiner Großeltern war, das muss ich wissen. Ich halte diese abgetrennten Jahre nicht aus. Verstummte Familienjahre.«

Mein Vater legte seine bestrumpften Füße auf den Wohnzimmerglastisch. Lehnte sich zurück. Er schloss die Augen, seufzte. »Ja ... wir spielten in den Trümmern. So wie du als Kind auf dem Tennisplatz oder in den Wiesen gespielt hast. Es waren doch nur Trümmer für uns. Ein Abenteuerspielplatz. Ich bin im

Krieg geboren. Ich wollte den Krieg in meinem Leben nicht zulassen. Leben. Weiterleben. Ohne Sirenengeheul. Verstehst du das denn nicht? Ändern kann man doch sowieso nichts mehr.« Er griff nach dem Bier und schenkte sich nach.

Ich griff nach den Salzstangen. »Komisch, dass Oma und Opa zwischen Bunker und Bomben noch Sex hatten. Vier Kinder haben sie gemacht. Vier.« Ich biss einem Bund Salzstangen den Kopf ab.

»Ihr Nachgeborenen seid so arrogant. Besserwisser. Hinterher ist man immer schlauer. Ich lebte aber nicht im Hinterher. Ich lebte in meiner Zeit. In meiner Welt. Unserer Welt. Wir kannten sie nicht anders. Die Tischgebete. Die Sonntagsspaziergänge. Die Kirchenbesuche. Die Älteren aus der Nachbarschaft in der Hitlerjugend, statt Guten Tag eben der Hitlergruß. Und immer wieder Sieg Heil. Sieg Heil.« Er strich sich mit der linken Hand über seinen Schnäuzer und fuhr fort: »Es war keine leichte Kindheit. Du musst in der Zeit sein, um die Zeit zu verstehen. Du kannst nicht wissen, wie du damals gewesen wärst. Vielleicht habe ich nicht gefragt, weil sie einfach meine Eltern waren. Und Eltern muss man lieben. Eltern braucht man zum eigenen Überleben. Ich hörte einfach nicht, wenn sie verächtlich über Juden, Kommunisten, Zigeuner ...«

»Sinti und Roma«, unterbrach ich ihn wütend.

»Was?«, fragte mein Vater irritiert.

»Papa, das heißt Sinti und Roma.«

»Ich sage Zigeuner, weil ich immer Zigeuner gesagt habe. Es sind doch auch Zigeuner, oder? Das ist doch nicht bös gemeint. Ich kenn ja sowieso keinen Zigeuner.« Wenn er sich aufregte, bekam er ab und zu rote Flecken am Adamsapfel. Wie ein roter Mückensticheppich legten sich die kleinen Punkte für wenige Minuten in den Hemdausschnitt. Wie aus dem Nichts sagte er: »Ja, das war so in Deutschland. Die Zigeuner. Die Fremden. Die Anderen. Und trotzdem, es ist mein Land. Auch dein Land. Heimatland.«

»Heimatland?« Ich merkte, dass ich die Beherrschung verlor. »Meine Heimat ist befleckt. Von Blut. Von Tod. Von Hass. Und dieser Hass ist doch noch immer da. Alter Hass wird ersetzt von neuem Hass. Wir sind kein Heimatland. Wir sind ein Hassland. Keiner spricht. Keiner fragt. Damit keiner sprechen muss. Heißes Eisen.«

»Meinst du, für deine Großeltern war es leicht? Meinst du, für mich war es leicht? Wir wurden auf das Land geschickt. Weg von unserem Zuhause, weil es mit den Bomben zu gefährlich wurde. Nach Obersuhl. Kein Kind fragt nach dem *Warum*. Du machst, was deine Eltern sagen. Damals noch mehr als heute. Obersuhl liegt in Nordhessen. Hügeliges Land. Für uns als Kinder war das aus Bremen wie eine Weltreise, dorthin.«

»Immer noch besser als ein Arbeitslager oder KZ.«

»Mensch, jetzt hör doch mal damit auf.«

»Ich war da, Papa«, unterbreche ich ihn.

»Im KZ?«

»Nein, in Obersuhl. Ist ja heute keine Weltreise mehr. Ihr habt immer alle von diesem Ort gesprochen. Ich war da.«

»Einfach so?«

»Stell dir vor, ja, einfach so. Im Frühling. Nach einer Veranstaltung bin ich durch den Landkreis Hersfeld-Rotenburg gefahren. Über die A4. Da stand Obersuhl auf dem Autobahnschild. An der Autobahnabfahrt 35 bin ich runter. Gehört heute zur Gemeinde Wildeck. Dein Obersuhl.«

»DAS IST NICHT MEIN OBERSUHL«, schrie er jetzt. »Der Krieg hat mich 1942 da hingespült. Ich war ein kleiner Junge. Ich war vier.« Jetzt biss er energisch einer Handvoll Salzstangen den Kopf ab.

»Der Name des Ortes hat sich über die Jahre in meinen Gehörgängen eingegraben. Ich war einfach neugierig, wo du als Kind warst, Papa. Ich wollte ihn mal sehen, diesen Schutzort. Viel habt ihr uns ja nie berichtet aus dieser Zeit. Nur, wie du mit den Gänsen über die Dorfstraße gelaufen bist und mit einem Jungen, der genauso hieß wie du, auf dem Dorfplatz gebolzt hast. Alles zu Obersuhl musste man dir richtig aus der Nase ziehen.«

»Wie sieht es da heute aus?« Papa war neugierig. Salzlettenreste bröckelten auf seine Hose. Er wischte sie ab. Wieder und wieder. Bis schon keine Krümel mehr da waren.

»Ich bin am Ortsschild vorbei und dann erst mal durch ein kleineres Gewerbegebiet gefahren. Autohändler und so. Die Straßen wurden kurviger, als ich nach Obersuhl reinfuhr. Ich weiß ja nicht, woran du dich noch erinnerst.« Ich greife nach dem Wasserglas. »Aber ich habe dich auf diesem Asphalt und zwischen den Häuserreihen gesucht. Versucht, dich zu erspüren. Das Damals aus dem Kopfsteinpflaster zu lesen. Dein Damals. Was waren deine Ängste? Deine Träume? Wer waren deine Kumpels auf den Straßen?«

Ich sehe die Grundschule und den Dönerladen in Obersuhl. Forsythienbäume blühten in den Vorgärten der geklinkerten Neubauten. Überall Carports. Es gab Gärten mit Kinderschaukeln und heruntergelassene Rollläden.

»Das umliegende Richelsdorfer Gebirge habe ich mit meinen Stadtschuhen aber nicht erklettert«, sage ich, »stattdessen die örtliche Spielhalle gesehen und eine indischstämmige Familie auf der Durchgangsstraße. Alles wirkte so frisch gefegt. Blitz-blank-sauber-deutsch. Eine Kleinstadt, die aussah, als ob sie sich für den Nachbarn dauernd selbst feinstaubfrei fegt. Ich habe mich durch das Städtchen treiben lassen. Wo warst du eigentlich? Bei Bauern?« Mein Vater schaute Richtung Fernseher.

»Nein. Deine Großeltern und Uroma waren erst in einem Pastorenhaushalt untergebracht. Irgendwelche **67**

Verwandtschaft von Uroma. Mein Bruder war schon im Vogtland.«

»Allein?«

»Ja. Er war mit der Schule nach Plauen verschickt worden. Das war ein Erlass vom Führer. Ganze Klassen wurden verschickt. Die Sechs- bis Zehnjährigen wurden auf dem Lande Pflegefamilien zugeteilt. Schon 1941 verließ der erste Zug mit über 500 Kindern unsere Stadt. Zwei Jahre später wurden ganze Schulen verschickt. Es wurde zu gefährlich in den Städten.«

»Und wo waren die Mütter?«

»Haben dem Reich in den Fabriken gedient. Nicht allen gefiel die Kinderlandverschickung. Viele nannten es auch Kinderlandverschleppung. Ein großer Teil der Sechstklässler bis hoch zur achten Klasse wurden als Flakhelfer verpflichtet, sie wurden nicht verschickt. Das waren noch Kinder. Nach der siebten Klasse gab es für sie einen Reifevermerk im Zeugnis. Im Anschluss dann den Reichsarbeitsdienst und die Wehrmacht. Kaum einer drückte mehr die Schulbank. Es gab nur noch wenige Klassenzimmer in den zerbombten Städten, und die männlichen Lehrer waren sowieso an der Front. Wenn junge Lehrerinnen den Unterricht nicht auffangen konnten, fiel er eben aus.« Mein Vater zündete sich ein Zigarillo an. Pustete in aller Ruhe den Rauch aus. Über ihm bildete sich eine Rauchwolke, die langsam durch das Wohnzimmer schwebte.

»Meine Kindheit waren Trümmer, Bomben und

zerrissene Familien. Das dauerte bis zum Einmarsch der britischen Truppen in Bremen am 26. April 1945 an.«

»Wie war es denn nun da bei den Pastoren in Obersuhl, Papa?«

»Die Hausherrin war dauernd mies drauf. Über den Kirchenkreis deiner Oma lernten wir dann eine Frau kennen, bei der wir leben konnten. Eine kleine Wohnung in einer Ziegelei. Helene, die Frau, die uns aufgenommen hatte, wurde später die Patentante von deiner Tante. Obersuhl gefiel mir. Die Dorfstraße. Die Felder. Ich wäre gerne auf dem Land groß geworden. Jeder kannte jeden. Immer war einer der Jungs mit einem Ball draußen. Wir konnten über die Dorfstraßen rennen. Überall Abenteuer. Das gefiel mir. Ich war glücklich. Bis Herbst 1945 waren wir immer wieder dort.«

»Warum seid ihr nicht in Bremen geblieben?«

»Weil in unserem Haus in Bremen, in dem du groß geworden bist, eine Bombe eingeschlagen war. 173 Luftangriffe gab es auf die Stadt im Zweiten Weltkrieg. Mitte August 1944, beim schwersten Angriff auf Bremen, starben über 1.000 Menschen. Sprengbomben im Teppichwurf. Stabbrandbomben. Phosphorbomben. Bomben auf Wohnhäuser, Flughafen, Häfen, Kirchen, Industriegebäude. Auch auf unsere schönen alten Bürgerhäuser. Die britischen Störflugzeuge kamen in der Nacht. Plötzlich waren so viele Menschen obdachlos. So viele ausgebombt. Du weißt ja, dass viele Teile der Stadt zerstört wurden. Jedenfalls ist die Bombe in unserem Haus, im Obergeschoss, steckengeblieben. Nicht explodiert. Zum Glück. Danach wurden wir evakuiert.«

»Wieder Obersuhl?«

»Ja. Oma, Uroma und wir Kinder.«

Mein Vater sprach jetzt zu sich selbst. Ich war für ihn nicht anwesend: »Als die Amerikaner nach Obersuhl kamen, war der Krieg vorbei. Wir blieben noch einige Wochen auf dem Land. Ließen uns von den GI's mit Schokolade beschenken. Mein kleiner Bruder lief einmal vor einen US-Truck. Die Soldaten haben zum Glück geistesgegenwärtig gebremst. Dein Opa organisierte im Herbst 1945 einen LKW und holte uns dort ab. Er fuhr uns zurück nach Bremen. Die Engländer hatten 1945 Bremen übernommen. Es war ein Abenteuer, damals zurück nach Hause zu kommen. Viele Straßen waren zerbombt.«

»Wieso ist Opa denn eigentlich in Bremen geblieben?«

»Dein Opa war Brandschutzhelfer in unserem Viertel. Dieser Selbstschutz war nachbarschaftlich organisiert. Er half beim Löschen der Häuser und der Möbelfabrik, die gegenüber von unserem Wohnhaus stand.«

»Löschte er auch brennende Synagogen?«

»Hör doch auf mit deinen Provokationen. In der

Stadt hatte der Reichsluftschutzbund Löschwasserteiche angelegt. Darauf konnte die Feuerwehr jederzeit zugreifen. Die Anwohner organisierten sich selbst in Block- und Hausgemeinschaften. Da war Opa auch dabei. Es gab Ortsgruppen und Reviere mit zugeteilten Schichten. Brandwachen wurden eingerichtet. Ob er geholfen hat, die Wahrzeichen Bremens mit Splitterschutz auszustatten, weiß ich nicht mehr. Opa hat bestimmt versucht, unser Haus und unsere Möbel zu schützen.«

»Was denkst du, hat er Juden beschützt?«, hakte ich nach.

»Schon wieder. Lass das. Viele Juden waren bestimmt nicht mehr in der Stadt.«

Mein Vater wühlte nun schweigend in einem großen Karton voller Postkarten. Mit dem Kopf tief in die Schubladen hinabgebeugt, murmelte er: »Ich muss hier doch irgendwo noch eine Obersuhl-Postkarte liegen haben. Wo ist die denn bloß? Die musst du sehen. Zonenrandgebiet war das dann später. Mit Grenzposten und allem Pipapo. Nach dem Krieg. Ziemlich abgeschieden. Ein Dorf an der innerdeutschen Grenze, ich war Jahre später nochmal da mit deiner Tante. Mensch, wo sind denn die Karten von Obersuhl! Das gibt es doch nicht. Ich bin doch sonst so ordentlich.«

»Stimmt«, sagte ich. »Niemand fegt mit so viel Ausdauer und Präzision den Bürgersteig wie du. Niemand kann sich so über Graffititags an der Hauswand aufregen wie du. Niemand stellt seine Schuhe so in Reih und Glied wie du.«

Plötzlich lachten wir. Das Glucksen meines Vaters wird durch die Schranktüren, zwischen denen er noch immer verzweifelt die Postkarte sucht, gedämpft.

»Ich bin so pedantisch. Manchmal ärgert mich das selbst. An meiner Leidenschaft für Karteikästen in unterschiedlichen Größen und den dazu farblich passenden Reitern ist bestimmt die Ehe zu deiner Mutter gescheitert.«

»Eure Ehe ist wohl eher an deinem schrecklichen grauen Kittel, den du über Jahre beim Fegen trugst, gescheitert. Wie der Hausmeister deines Hauses hast du damit ausgesehen. Manchmal bin ich morgens, wenn ich von Partys zurückkam und du schon wieder mit dem Besen in der Hand die Kopfsteinpflaster massiertest, eine Extrarunde um den Block gegangen. In der Hoffnung, dass diese Peinlichkeit vorbei ist, wenn ich unser Haus betrete. Dass du drinnen bist. Übrigens, in Obersuhl haben die jetzt ein Grenzmuseum und sogar einen Grenzlehrpfad. Die Grenzsteine gibt es auch noch. Du warst in den späten Sechzigern doch nochmal dort. Erinnerst du dich?«

Seine Antwort ging im Freudenschrei des Findenden unter. »Da ist sie ja.« Er hob den rot gewordenen Kopf aus dem Schrankfach. Triumphierend wie ein Fackelträger bei den Olympischen Spielen hielt er die Postkarte hoch. Überall, wo er hinfuhr, kaufte mein

Vater Postkarten. Wenn er als Handelsvertreter herumreiste, sammelte er die Broschüren der örtlichen Tourismusvereine. Ganze Schubladen waren damit gefüllt.«

»Guck mal«, sagte er. »Das Vogelschutzgebiet Rhäden und die Briefmarke der deutschen Bundespost zur Grenzöffnung in Obersuhl ist auch mit dabei. Ich muss die ganzen Karten irgendwann mal alphabetisch ordnen. Im Keller habe ich noch die Karteikästen. Da lege ich die Postkarten rein. Bremen und das Umland bekommen dann einen roten Reiter. Niedersachsen und Hamburg werden grün markiert und Schleswig-Holstein mache ich in ...«

»... Papa!« Ich schaute mir die Karte von Obersuhl genauer an. Freibad-Hallenbad-Sportplatz. »Ich war an dem Ort, der dich im Krieg vor dem Tod beschützt hat.« Ich strich mit dem Zeigefinger langsam über die Karte. Obwohl ich wusste, dass mein Vater mich für diese Bemerkung hassen würde, konnte ich mich nicht beherrschen: » Willst du wirklich nicht wissen, was dein Vater in der Nazizeit gemacht hat? Wie kannst du so weiterleben?«

Mein Vater richtete sich auf. Sah mich herausfordernd an.

»Opa wäre nicht der Erste, der von fremdem Geschirr aß. Der auf fremde Bilder schaute oder über fremde Teppiche lief. Vielleicht war er Mitglied in der NSDAP. Wie viele andere auch. Und wieso sagst du dauernd wir? Welches Wir meinst du denn genau? Das gute Wir? Wir wissen doch nicht, zu welchem WIR unsere Familie gehörte. Vielleicht haben sie fleißig die Hakenkreuzfähnchen am Rathaus aufgehängt, wie viele andere auch. Vielleicht haben sie den rechten Arm gehoben, wie viele andere auch. Vielleicht sind sie beim Sonntagsspaziergang mit uns Kindern auch am Polizeihaus vorbeigeschlendert, ohne mit der Wimper zu zucken. Dort, wo die politischen Gefangenen verhört wurden, bevor man sie in andere Zuchthäuser steckte. Es gab das Haus der Gestapo-Häftlinge, das Haus für die Sonderbehandlungen. Aber deswegen waren sie doch nicht schuldig. Das macht sie doch nicht gleich zu schlechten Menschen.«

Ich starrte meinen Vater an und konnte nicht glauben, was er eben gesagt hatte. »Haben Oma und Opa irgendwann gegen die Nazis aufbegehrt? Wenigstens einmal? Sie waren Christen. Wo war ihre Barmherzigkeit? Und die der Kirche? Viele schwiegen zum Judenhass. Oma und Opa waren doch eng mit ihren Kirchengemeinden verbunden. Viele ließen es zu. Von Anfang an. Judenhass. Wo waren die Nachbarn, Kollegen, Freunde, als die SA den Boykott der jüdischen Geschäfte überwachte und organisierte. Als sie Boykottplakate in den Fenstern aufhingen und Wachen aufstellten, damit niemand mehr bei Juden kaufte?« Meine Stimme wurde lauter. »Warum schweigst du, Papa?«

»Ich schweige doch nicht«, antwortete er empört. »Ich habe dir von Straßenschlachten zwischen den linken und rechten Gruppen in Bremen erzählt. Bevor die NSDAP an die Macht kam. Und natürlich habe ich dir erzählt, dass Hitler sogar mal im Weserstadion eine Wahlkampfrede hielt. Auf unserem heiligen Otto-Rehhagel-Pizarro-Werderrasen. Das haben die sogar umbenannt in *Bremer Kampfbahn*. Bald gab es auf dem Rasen mehr Parteiversammlungen und Propagandaveranstaltungen als Fußball. Das musst du dir mal vorstellen. Und ich habe dir doch auch erzählt, dass im Standesamt, wo deine Mutter und ich geheiratet haben, die nationalsozialistische Kreisleitung untergebracht war. Also schweigen geht anders.«

»Vielleicht hat ja deswegen eure Ehe nicht gehalten«, zischte ich scharf.

»Wegen Hitler?« Er zog an den Spitzen seines Schnurbartes und begann, durch das Fernsehprogramm zu zappen. »Die Wahlerfolge der Nazis waren in Bremen jedenfalls geringer als im Rest des Reiches.« Zapp Fußball. »Einmal musste Hitler sogar kommen, um die zerstrittenen Organisationen der lokalen Partei zu disziplinieren. Und lautstark bejubelt hat ihn hier angeblich auch keiner, als er im Januar 1933 Reichskanzler wurde.« Zapp Wetterbericht.

Ich griff in der knisternden Tüte nach einem weiteren Büschel Salzletten und sagte: »Ah, jetzt versteh ich. Unsere Familie war im Widerstand. Wie Bremen. Wie das ganze deutsche Reich.«

»Ja, da hast du recht. Es gab doch Demonstrationen gegen Hitler. Direkt neben dem Bremer Wahrzeichen, dem Bremer Roland und in Bremens guter Stube, dem Marktplatz.«

»Schalte doch den verdammten Fernseher aus«, schrie ich jetzt. »Mensch Papa! Wer an der Renaissancefassade des Rathauses Hakenkreuzfahnen aufhängt, war bestimmt nicht gegen Hitler. Wer auf dem Marktplatz die sofortige Auflösung der Bremer Bürgerschaft und des Senats forderte, nur einen Tag nach der Wahl, der wollte den Machtwechsel. Und du erzählst mir hier was von Demonstranten gegen Hitler. Im Gegenteil, wie sich schließender Treibsand haben sich die anständigen Bürger in Windeseile Hitler angepasst. Kein Wunder, jetzt konnte man es endlich herausschreien, dass die Juden an allem schuld sind. Das ist widerlich. Oder glaubst du, die Bremer Bankiers, Direktoren der Baumwollbörse, Handelskammer und die großen Kaffeeproduzenten mussten sich blitzschnell anpassen? Als hätte es kein Vorher gegeben. Warum war es so schwer, Rückgrat zu beweisen? Wenn nur ein Einzelner lautstark NEIN gesagt hätte. Und ein Zweiter. Und dann ein Dritter. Nichts hätte so sein müssen, wie es kam. Stattdessen: blindes Arschkriechen bei den Nazis. Ortgruppen der SA, Hitlerjugend, Marine, HJ, und 76 SS. Alle zusammen organisierten das Netzwerk der eiskalten Herzen. Rassengesetze. Denunziationen. Synagogenbrände. Deportationen. Arisierungen. Haben Oma und Opa die Anfänge der Gewalt nicht gesehen? Nicht sehen wollen? Und die nächsten Anfänge? Das Einpferchen der Juden in den »Judenhäusern« im Herbst 1941. Die Gestapo schrieb Listen mit den Namen der jüdischen Bewohner. Gestapobeamte organisierten die Transporte. Abtransporte. Gestapobeamte erließen Deportationsbefehle und stellten sie auch zu. Das ließen sie sich nicht nehmen. Bremer Polizisten stellten die Waggons bereit und holten die Opfer ab. Niemand hat was davon gewusst? Haben Großmutter und Großvater nicht mitbekommen, dass Juden vor der Schule, auf die du gegangen bist, Papa, antreten mussten, um dann zu Fuß zum Bahnhofsvorplatz zu marschieren? Von dort wurden sie in ein Ghetto deportiert, mussten Zwangsarbeit leisten oder wurden umgebracht. Es gab so viele Helfer. Mitwisser. Weggucker. Täglich. Stündlich. Das Leben war vergiftet. Männer und Frauen, die sich am Abend mit ihren Familien und Freunden trafen, gemeinsam kochten. Infiziert? Sie müssen doch gesehen haben, dass immer wieder Jüdinnen in die Stadt kamen und als Zwangsarbeiterinnen den Kriegsschutt wegräumen mussten, oder als die Bewohner des jüdischen Altenheimes auch deportiert wurden. Wer arbeitete in der Maschinerie des Todes im Lager Neuland? KZ Bahrsplate? Wer sah die Zwangsarbeiter, die an Hunger, Kälte, Erschöpfung oder Seuchen starben? Im Borgward–Lager, im Lager Farge, KZ Mißler, Börgermoor oder KZ Neuengamme? Schon mal davon gehört, dass es Wohnfürsorgeanstalten gab? Bremen sollte frei werden von Obdachlosen, Bettlern und sogenannten ›Asozialen‹, wie sie damals verachtend genannt wurden. Sie wurden umerzogen. Kannten Oma und Opa Menschen, die an einem dieser Rädchen beteiligt waren? Wo griffen sie selbst ein in das Getriebe des Krieges? Ich kann nicht glauben, dass man in unserer Familie davon nichts wusste.« Wie oft hatte ich Sehnsucht zu erfahren, dass meine Familie im Widerstand war. Warum haben die einen geholfen und andere eben weggesehen? Oder Schlimmeres getan?

Als hätte mein Vater mir nicht zugehört, sagte er: »Habe ich dir schon die Geschichte mit den Flugblättern von den Briten erzählt?«

»Welche Flugblätter?«

»Die Engländer warfen seit Frühjahr 1945 über der Stadt welche ab. Da waren sie schon kurz vor Bremen. Dieser Haufen Steine, was mal Bremen war. Diese Flugblattinformationen gaben den echten und nicht mehr den Propaganda-Kriegs-Verlauf wieder. Deutschland hatte den Krieg fast verloren. Trotzdem versuchte die Bremer Wasserstraßendirektion, die Engländer und ihre Bodentruppen durch das kontrollierte Überfluten der weitläufigen Weser- und Ochtumniederungen aus der Stadt zurückzuhalten. Deichscharten, Siele und Schleusen der Wasserwehre wurden geöffnet. Auch die Wümmewiesen mit ihrem sumpfigen Boden sollten es den Panzern nicht ermöglichen, dort zu passieren. Die Engländer sollten einer geschlossenen Wasserfläche von neun Kilometern trotzen müssen. Im April 1945 schossen die Alliierten dann noch Granaten mit Flugblättern auf Bremen ab. *IHR HABT DIE WAHL* stand da drauf. Bedingungslose Übergabe, keine Blutverluste oder unter Einsatz aller Waffen und Panzer wird Bremen eingenommen. Aber da waren wir wieder auf dem Land. Erst später, viel später haben wir die Flugblätter in den Trümmern gefunden. Überall lagen sie im Schutt der Straßen, in denen wir spielten.« Mein Vater zog an seinem Zigarillo. »Was ist denn jetzt mit Obersuhl? Gib mir mal die Postkarte zurück.« Papa stand auf und ging in die Küche.

Über meine Schulter rief ich ihm hinterher:

»Dort war ich dir nah. Als ich durch die grüne, hügelige Umgebung fuhr, hat mich eine Welle der Traurigkeit erfasst. Ich sah mir die Häuser an, die sich an die Autobahnbrücken kuscheln, und als ich im Wendehammer das Auto drehte, musste ich weinen.«

»Warum?« Er kam zurück, wühlte erneut in der Schrankschublade.

»Deine Sucherei nach diesen bescheuerten Postkarten macht mich nervös. Vielleicht aus Wut. Vielleicht war es Mitleid. Vielleicht habe ich um deine

Kindheit in dieser Scheiß-Hitlerzeit geheult. Und dann stand ich vor dieser Schlachterei und dachte: Wer wärst du wohl ohne Krieg geworden, Papa? Aber es gab diesen Krieg. Und die Befreiung. Du hast in den Trümmern das Überleben gelernt. Das Rauchen. Du hast Kohlen geklaut. Holz aus den Nachbargärten. Du wolltest, dass die Familie in dem einen Zimmer, in dem ihr lebtet, es warm hatte. Du lebtest mit Fremden im Haus. Sie wurden euch zugeteilt. Im Souterrain Ehepaar Zinks. Ihre Wohnung war zerbombt. Alle mussten unterkommen. Irgendwo. Irgendwie weitermachen. Im ersten Stock deines Elternhauses sechs weitere Personen und eine alte Dame. Sie zogen ein, benutzten euer Bad und Küche. An den Wasserstellen auf der Straße habt ihr euch gewaschen. Fremde in deinem Kinderzimmer. Für Tage. Für Wochen. Für Monate. Das Wohnzimmer wurde das Elternschlafzimmer. Darin ein großes Bett. In der Kammer nebenan ihr drei Jungs. So viele von eurer Generation haben nie gefragt, aus welchem Land die Bomben kamen. Warum sie kamen. Wer wem und warum die Bomben schickte, wolltet ihr nicht wissen. Es waren die Anderen, nicht wir. Erzählten deine Eltern. Nach der Schule, am Wochenende musstest du nach Kriegsende schon früh im Geschäft deines Vaters mithelfen. Später warst du in England zur Ausbildung und zur Versöhnung. Jahre später, Küsse nach der Tanzstunde. Zaghafter Jungenkuss auf Mädchenlippen. Jeden Tag brauchte deine Mutter Geld. Alle hatten Hunger. Nach dem Kriegshunger kam der Nachkriegshunger. Ihr wart zu sechst. Deine Mutter ging die Treppe hinunter und bat deinen Vater um Geld. Dein Vater kämpfte um Aufträge. Zog mit dem Handkarren durch die Straßen. Verkaufte alles, was auf dem Dachboden den Krieg überlebt hatte. Keiner hat dir etwas über den Krieg erzählt. Nie hast du gefragt. Wie konntest du nicht über den Krieg sprechen? Du Kriegskind.«

Mein Hund muss raus. Snoopy, unser schiefgewachsener Dackel-Mix, legt den Kopf schräg. Sein Schlappohr wippt. Er starrt mich seit Minuten an. Regungslos. In seinem hellbraunen Fellanzug sitzt er neben mir und fiepst. Es ist mein fünfter Hund, der mich durch den Alltag begleitet. Kindheitsdackel. Studentenwindhund. Wohngemeinschaftshovawart. Redaktionsbulldogge. Familienmischling. Ein Leben ohne Hund: undenkbar. Schon als Kind habe ich mein Taschengeld damit aufgebessert, die Hunde der Nachbarn auszuführen. Snoopy ist ein stiller Sofahund. Wie eine Koralle verwächst er tagtäglich mit der grünen Couch. Rollt sich ein und verschläft die zu erschnüffelnden Abenteuer der Straße.

Jeden Tag gegen eins zwingt mich der Hund, das Schreibbüro zu verlassen. Die Runde Gassigehen ist eine beruhigende Auszeit. Jeden Tag drehen wir uns im Park um die Blumenbeete. Vorbei an Radfahrern und den Spielplatzmüttern mit ihren Plastikboxen voller Dinkelbrezeln. Zum Schluss biegen wir bei der

Trinkhalle wieder in unsere Straße. Ruhiger ist er geworden, im letzten Jahr. Als er vor sechs Jahren aus Spanien zu uns kam, glich er einem unkontrollierbaren, überdrehten Flummy. Musste rennen, immer nur rennen. Ab und zu springt er noch heute wie ein Känguru durch die ungemähten Wiesen. Neulich wollte ich ihn mit zu Eva nehmen. Ich dachte, sie mag Hunde. Wie eben jeder Hunde mag. Wie jeder sie streichelt und sich mit kleinen Kindern an der Hand zu ihnen hinabbeugt. Sie krault, liebkost oder vom Bett jagt. Eben jeder, der diese Tiere nicht als zähnefletschende, abgerichtete Aggrobestien erlebt hat. Eva aber hat Hunde als vierbeinige Tötungsmaschinen kennengelernt.

Eva wechselte lange Jahre die Straßenseite, wenn ihr jemand mit einem großen Hund entgegenkam. Ihr Herz klopfte schneller, als das Tier rennen konnte. Sie blickte Hund und Herrn nie in die Augen. Ein winziger Fehler und das Tier würde seine Aufmerksamkeit auf Eva richten. Davor hatte sie heute noch Angst. Hunde erinnerten Eva an das Lager. Hunde hatten sie in den Waggon getrieben, der sie nach Auschwitz deportierte. In den Viehwaggon. Hunde versetzen Eva in Panik. Es waren Schäferhunde, die zähnefletschend und bellend vor den Zügen standen, als die noch lebenden Juden nach tagelanger Fahrt erschöpft aus den Waggons fielen. Aus diesem fensterlosen Raum ins Totenland. Hinter sich ließen sie die Angstschreie, das Harren neben den Toten, das Wimmern der Erschöpften.

Den Gestank von Kot und Kotze. Für viele waren die vollgestopften Züge die letzten Stunden neben ihren geliebten Familien. Vor ihnen lag die Selektion. Die Kontrolle durch Dr. Mengele. Die Zwangsarbeit oder gleich die Gaskammern. Hinter ihnen die Liebe und das Vertrauen in die Welt.

Das hysterische, sich aufpeitschende Gekläffe der Hunde war von Weitem zu hören. Sie sprangen an die Holzverschläge, als der Zug zum Stehen kam. Die Türen gingen auf. Eva starrte in die offenen Schnauzen der Schäferhunde. Risse im Herzen. Schmerzrisse. Nach Tagen in dem dunklen Verschlag war das Tageslicht kaum zu ertragen. Die Hunde liefen die Waggons ab. Hechelten, leckten, bissen. Das Kind war unfähig, auch nur einen Schritt vor den anderen zu gehen. Die Beine verweigerten die Befehle des Hirns. Die Ungeduld der Anderen drängte sie aus dem Waggon. Eva wurde auf den hellen Sandboden von Auschwitz-Birkenau geschubst. Sie bückte sich, griff nach ihrem kleinen Stoffbeutel, als sie den warmen Atem eines Schäferhundes an ihrer Wange spürte. Eva erstarrte. Seine lange Zunge mit den weißen Spuckefäden hing lauernd über ihrer Tasche. Tropfen fielen, wie in Zeitlupe, darauf. An seinen Eckzähnen klebte ein bräunlicher Zahnbelag. Stella, eine junge Frau, die die letzten Tage im Zug eng neben Eva gesessen hatte, griff hastig nach ihrer Tasche. Nahm das Mädchen an die Hand. Schützende Hände. Der Hund schnappte ins Leere. Große

Koffer mussten alle stehen lassen. Darin noch ein Stück des früheren Lebens. Abschied vom alten Sein. Überreste der alten Persönlichkeiten. Die SS-Soldaten schrien ihre Befehle. Keiner sprach mehr. Alle brüllten in den Wintertag. Die Atemfahnen rissen nicht ab. Familien und Paare wurden jäh getrennt. Alte, Kinder und Frauen mussten in einer Reihe stehen. Getrennt von ihren Männern und Vätern. Ihren Lebenszeugen. Frauen reckten sehnsuchtsvoll die Hände nach ihren Ehemännern, Brüdern. Schrien die Namen ihrer Herzensmenschen. Väter hielten ihre Kinder in die Luft, reichten sie zurück in die Reihen der Frauen. Kinder liefen weinend umher und riefen suchend die Namen ihrer Eltern. Weiter! Weiter! Mütter klammerten sich an ihre Söhne. Hunde bissen in die Frauenarme, wenn sie nicht losließen. Arme, die diese Kinder gehalten, getröstet und liebkost hatten. Mütterarme, die für sie gekocht und sie in den Schlaf gewogen hatten. Eva stand stumm da. Langsam schob sie sich ins Ungewisse. Sie weinte nicht. Sie schwieg. Zu niemandem ein Wort, hatte die Mutter ihr eingetrichtert. Zu niemandem. Zu keiner Zeit. Gib nichts von dir preis. Das Mädchen hielt sich dran. Schwieg beharrlich. Zuckte die Schultern, wenn Stella sie fragte, woher sie kam. Alle drängten auf einen Kontrollpunkt zu. Eva versuchte, sich auf die Zehenspitzen zu drücken und zu sehen, was dort geschah. Einige schrien laut auf. Versuchten, aus der Reihe auszubrechen. Schüsse fielen.

Wie auf einem Floß trieb sie der Menschenfluss unaufhaltsam auf das Nadelöhr zu. Was geschah dort? Im Niemandsland, wo man versuchen würde, aus Eva ein Niemand zu machen. Das Kind sah, wie einige Menschen auf die eine und andere der gegenüberliegenden Grabenseiten geschickt wurden. Links und rechts der Bahngleise lagen weite Felder, auf denen Holzbaracken standen. Baracke an Baracke, symmetrisch angeordnet. So weit das Auge reichte. Stella ließ Evas Hand los. Eva fror, spürte, wie der Hunger an ihr nagte. Was passierte hier? Wo waren sie? Wer wurde warum nach rechts und wer wurde warum nach links geschickt?

Vor Eva fing eine Frau in der Schlange an zu schluchzen. Sie sprach ein Gebet, ihre Worte gingen unter. Ein Mann musterte sie mit seinen Eisaugen. Der Kontrollpunkt kam näher. Männer in langen Mänteln, die Hunde an ihren Seiten, schlugen immer wieder mit Gummiknüppeln auf Hinterköpfe, Schultern und Gesichter ein. Menschen, die eben noch verstört aus den Zügen gestoßen worden waren, spürten Schläge auf ihren seelenwunden Körpern. Eva unter Hunderten von Verlorenen. Schneller, los schneller! Eva zog die blaue Strickjacke enger um den Körper. Wäre ihre Puppe Erika noch bei ihr, sie hätte ihr tröstende Worte ins Porzellanohr geflüstert. Immer wieder griff sie nach der Hand von Stella. Umklammerte sie. Mütter wollten zurück zu ihren Kindern. Unruhe in der Schlange. Schüsse fielen. Die Hunde hielten alle in Schach. Lauernd blitzten ihre Augen aus dem gräulichen Fell. Sie bissen dir auf Befehl in die Wade. »Fass«, lautete der Ruf des Wärters. Sie hingen in deinem Fleisch. Dein Blut tropfte aus ihren Lefzen. Schüttelten sich und ihr Sabber flog durch die Luft. Immer bereit, den Befehl des Herrn auszuführen. Sie hetzten dich bis an den Stacheldraht und töteten.

Eva wurde nie gebissen. Die Angst blieb, ein Leben lang. Jahre später lebte sie neben einer Nachbarin mit einem großen schwarzen Hund. Eva drückte sich im Treppenhaus bei jedem Auf und Ab hastig an ihrem Eingang vorbei. Begleitet von der Angst, dass die Tür sich öffnen und das schwarze Tier sie anfallen könnte. Eva mochte Papageien und Meerschweinchen.

Ich bücke mich. Hebe mit dem roten Plastiktütchen den Haufen meines Hundes auf. Werfe den verknoteten Beutel in einem hohen Bogen direkt in den Mülleimer. Treffer. Gleich sind wir wieder zuhause.

Ich wieder am Schreibtisch. Snoopy wieder auf der Couch.

10 BLAUÄUGIG

Blaumachen

Blaupause

Himmelsblau

Blaurot

Blauwal

Meeresblau

Blaukraut

Blauschwarz

Blaufuchs

Blaubeeren

Blaugelb

Dunkelblau

Blaues Blut

Blauschwäche

Blaumetallic

Blautanne

Blaustichig

Saphirblau

Blauschimmernd

Blaumann

Meerblau

Blaufilter

Blaulicht

Babyblau

Blaupapier

Blauer Fleck

Blaustrumpf

Blauspecht

Blaugrün

Blaublindheit

Veilchenblau

Blaumeise

Blau

Hellblau

Blaualge

Himmelblau

Blauschimmel

Blaugrau

Blausäure

11 DIE BLAUE STRICKJACKE

»Meine Lieblingsfarbe ist blau«, sagt Eva und klopft die Kissen auf ihrer Couch glatt. »Deshalb hat meine Mutter mir die Strickjacke in Blau gestrickt. In diesem satten Meerblau. Wie ein Sprung ins Wasser fühlte sich das Anziehen an. Die Arme tauchten in Flussarme ein. Wie von Federn getragen, so leicht das Material. Ich liebe das Gefühl der weichen Wolle auf der Haut. Über Wochen saß meine Mutter mit ihren Stricknadeln daran. Beugte sich in ihrem Wohnzimmerstuhl am Abend über das Werk, das Reihe um Reihe wuchs. Ab und zu strickte sie tagsüber im Garten auf der Bank. Immer wieder zog sie den Wollfaden überlang aus seinem Korb, um ihn direkt zu verstricken. Die Stricknadeln klatschten aneinander, als spendeten sie sich gegenseitig Applaus.

Wenn meine Mama kochte, lag das Wollknäuel in einem Korb. Wartete geduldig wie eine eingerollte Katze. Wartete darauf, sich erneut um die Stricknadeln winden zu können. Die Nadeln steckten im Wollkörper, wie nach einem Angriff. Ab und zu rief sie mich zu sich. Ich musste erst den linken, dann den rechten Arm ausstrecken. Sie nahm Maß. Dabei tanzten zwei Stecknadeln gefährlich wackelig zwischen ihren Lippen. Sie zupfte hier und da. Machte sich mit einem kleinen Bleistift Notizen auf der Strickanleitung. Zählte Reihen, nickte zufrieden. Ging einen Schritt zurück, nahm Augenmaß. Nickte erneut. Am Ende ruhte in der Mitte der Jacke ein dicker runder Knopf, um mich vor zugiger Luft zu schützen. Das war Mamas schlimmste Fantasie: dass ich mich erkälten könnte. Mir einen Schnupfen zuziehen. Das Ganze war vor dem Krieg. Eine Strickjacke zu stricken war gar nicht so einfach. Wolle war damals schwer zu bekommen, und so war es ein feierlicher Moment, als mein Lieblingsstück fertig war und meine Mutter es mir übergab.«

Eva fährt erneut mit der Hand über das Kissen. Glatter kann man es nicht klopfen.

»Die Jacke fehlt mir. Manchmal sehe ich mich im Traum, wie ich sie anziehe. Dann drehe ich mich vor dem Spiegel, und meine Mutter lächelt mich an.«

Eva hebt das Kissen an, als wäre es ein zerbrechliches Kleinkind, drapiert es auf der Couch nochmal neu. Streicht darüber.

Mein Blick schweift durch ihre Wohnung. Ich betrachte die bunten Teppiche. Lange Gardinen, die vor Nachbarblicken schützen. Nicht zu viel Nähe. Nicht zu viel Vertrauen in die Hausgemeinschaft. Eine Mesusa am Türrahmen. Das rosa Fellbüschel am Schlüsselbund im Türschloss.

Ich stehe auf und spiele wenige Takte auf dem hellbraunen Klavier. Bleibe vor den Fotos stehen. In jeder Blickrichtung Fotografien. Eva lebt unter den Augen-Blicken der Toten. Tamas-Bruderaugen. Er trägt eine kurze Hose und lacht mit offenem Gesicht in die Kamera. Er wirkt so glücklich. Bereit, die Wiesen und die Welt zu erobern. Ein unbeschwerter Junge auf einem Gartenweg. Nachdem das Bild aufgenommen wurde, wird er nicht mehr oft in einem Garten herumtoben, Valeria–Mutteraugen. Gütige, liebende Mutteraugen. Durch das Fotopapier sagt sie dem Betrachter, alles ist gut. Eine junge Mutter. Weiches, wunderschönes Gesicht. Ihre Schultern sind aufgerichtet, melancholisch ihr Blick. Arme, die entspannt im Schoß ruhen. In einem Kleid mit Stehkragen. Valeria Diamant liebte Kleider. Kleider mit zarten Stickereien. Keine Vateraugen in diesem Raum, Eva? Warum?

»Noch nicht. Ich muss erst das richtige Foto finden. Ich suche es noch. Es gibt ja nicht mehr viele«, sagt Eva.

»Wann hast du ihn das letzte Mal gesehen?«, frage ich zaghaft.

»Es begann mit den Pfeilkreuzern. Sie haben für die Nationalsozialisten in Ungarn die Drecksarbeit gemacht. Die Stimmung im Land wurde aggressiver.

Deutlich aggressiver. Tamas und ich wurden abends oft ins Kinderzimmer geschickt, die Eltern wollten alleine Dinge besprechen. Kinderohrenfrei reden können. Manchmal kam die Tante, sie flüsterten dann alle drei in der Küche. Manchmal legte sich der Vater zwischen uns, nahm mich und meinen Bruder in den Arm. Zwischen meinen Kinderträumen und der festen Umschlingung meiner Puppe Erika hörte ich sein leises Schluchzen. Manchmal ...

Die Jungs und Mädchen aus der Nachbarschaft, mit denen ich durch die Kindheitstage draußen am Brunnen tobte, wurden frecher. ›Bald wird das Blut auch von deinem Vater fließen, Judenkind‹, rief mir ein Junge plötzlich über die Pumpe zu. Alle anderen lachten. Ich senkte den Blick. Schwieg und pumpte weiter und merkte nicht, dass mir dabei Wasser über die Schuhe lief. Die Kinder lachten wieder und zeigten mit dem Finger auf mich. Judenkind! Judenkind, hallte es in mir nach, als ich nach Hause lief, wo mich mein großer, stiller Vater in die Arme nahm, mir die nassen Strümpfe auszog. Geborgte Sekundensicherheit. Er strich über mein Haar. Beruhigte mich. So wie damals, als der Tante der teure Kuchen aus der Hand glitt, auf die Straße fiel und ich bitterlich weinte, weil ich mich so sehr auf die Torte gefreut hatte. Ich liebe Kuchen. Noch am Abend kam mein Vater mit einem Kuchenteller und einem matschigen Stückchen herein. Er fütterte mich, ganz ruhig und still.

Eines Mittags kam ich von der Schule. Ging in die Budapester Hauptstraße. Dort in dieser eleganten Einkaufsstraße lag das Herrengeschäft meines Vaters, neben vielen anderen Läden. Ich wollte Zeit mit ihm verbringen und war stolz darauf, den Weg dahin alleine gehen zu dürfen. Im Laden gab es immer einen Saft für mich. Papa und ich saßen dann hinten, in seinem Büro. Ich fühlte mich sehr erwachsen. Wir warteten, bis die helle Glocke an der Tür klingelte. Kundschaft den Laden betrat. Wenn die Glocke still war, zog ich die Schubladen mit den Krawatten heraus und ordnete sie neu. Ich ließ die Krawattennadeln für die eleganten Herren durch meine Finger gleiten. Einige hatten eingefasste bunte Steine auf der Oberfläche. Die glitzerten so schön an den breiten Oberkörpern der Herren, wenn diese sie anprobierten und ihre Krawatten glatt strichen. Meist blickten sie dann herüber zu ihren Ehefrauen und erst, wenn diese zustimmend nickten, waren auch die Ehemänner mit einer Kaufentscheidung einverstanden. Vielleicht hatte ich auch Glück und einer der Dekorateure war da und dekorierte die Auslagen im großen Fenster neu. Ich war immer voller Vorfreude auf dem Weg zum Geschäft.

An diesem Tag war alles anders. Ich hörte schon von Weitem Geschrei und Gegröle. Es klang so kehlig und dunkel, dass ich meinen Schritt verlangsamte. Menschen liefen viel zu hastig durch die Straßen. Sie flanierten nicht an den Schaufenstern entlang.

Glas klirrte. Ich bog um die Ecke und blieb wie angewurzelt stehen. Mein Schulbeutel glitt mir aus der Hand. Ich atmete ganz flach und war unfähig, auch nur einen Schritt weiterzugehen. Hätte ich es getan, es hätte Gefahr bedeutet. Die Pfeilkreuzler zerstörten das Geschäft meines Vaters. Seit dem 27. Juni 1941 trat Ungarn in den Krieg gegen die Sowjetunion mit ein. Die Pfeilkreuzler waren Mitglieder einer faschistischen Partei. Auch Hungaristen genannt. Antisemitische Mörder, die sich gemein machten mit Hitler. Sie malten jetzt mit weißer Farbe einen Davidstern auf die rechte Häuserwand, neben dem Ladeneingang. Lachten dabei laut und schadenfroh. Jude! Schrie einer der Männer immer wieder. ›Das ist ein Judengeschäft, damit ihr es wisst. Kaufen verboten. Heute alles frei.‹ Der Bürgersteig war übersät mit Glassplittern. Von der linken Wand, die die Fensterscheibe mal eingerahmt hatte, lief die weiße Farbe in satt tropfenden Farbflüssen aus dem Wort Jude über den Gehweg in den Bordstein.

Im Laden wühlten Menschen in den schönen Waren. Sie rissen alles heraus. Stürzten Regale um, zogen die Schubladen aus den Vitrinen, banden sich um ihre schwitzenden Schreihälse die bunten Krawatten. Fremde stopften sich, ohne zu zahlen, Kniestrümpfe und Gürtel in ihre Taschen, bespuckten und beschimpften meinen Vater. Laut schreiend stürmten sie aus dem Laden. Der eine warf noch einen Pflaster- 95 stein in die Auslage, der andere benutzte mit seiner Frau gar nicht mehr die Tür, sondern trat gleich durch die Fensterauslage. ›Der Jude muss raus. Heute alles umsonst. Bedient euch!‹ Ich stand einfach nur da. Weinte und schrie nicht. Meine Schreie verschluckte die Angst. Die Angst zu sehen, wozu der Mensch fähig ist, wenn er Menschlichkeit und Zugewandheit verliert. Wenn er blind wird vor Hass, ist der Mensch das gefährlichste Tier. Mein Vater wurde, auf dem Boden sitzend, von zwei Pfeilkreuzlern in Schach gehalten. Der eine trat ihn immer wieder. Der andere schaute sich dauernd um, als wartete er auf etwas. Ich war erstarrt. Unfähig, Hilfe zu holen. Sollte ich zur Mutter laufen? So unbeweglich ich dort stand, versuchte ich, alles zu speichern, was ich sah. Raketengleich rasten die Gedanken durch meinen Kopf, versuchten einzuordnen, was nicht einzuordnen war. Ich spürte Angst. Diese Angst und der greifbare Hass lähmten mich. Hoffentlich entdeckte mein Vater mich nicht. Er würde mir noch ein Zeichen geben wollen. Das konnte auch für mich Gefahr bedeuten.

Jemand warf jetzt den hölzernen Karteikasten mit den Namen der Kundschaft und einige Anzüge aus dem Fenster. Einfach so. Das feinste Material. Einige Karteikarten blieben im farbnassen Bürgersteig hängen. Weiße Judenfarbe klebte an den Schuhsohlen, von dem, der am Laden vorbeiging. Achtlos unser Schicksal mit den Füßen trat.

Es geschah am helllichten Tag. Alle haben es gesehen. Keiner hat geholfen. Keiner kann sagen, er hat es nicht gewusst.

Ein LKW kommt um die Ecke. Die Männer schubsen meinen Vater auf die offene Ladefläche. Sie zerren und brüllen ihn grob die LKW-Stufen herauf. Sein verwüsteter Laden bleibt zurück. Wie eine offene Wunde starrt mich das Ladenfenster aus der Hauswand an. Papa stolpert auf die Ladefläche, fällt hin, rappelt sich auf. Schweigt. Er lässt sich anbrüllen von diesen Tieren, mein feiner Vater. Hinten auf dem Transporter sitzen schon andere Männer. Jüdische Männer. Jüdische Ladenbesitzer der Gegend. Genauso ausgeraubt. Genauso geschlagen. Ihre Köpfe sind gesenkt. Einer von ihnen erhebt sich. Ganz langsam. Er macht seine Schultern breit und streckt seine Wirbelsäule durch. Atmet aus. ›Hinsetzen‹, lautet der Befehl. Er bleibt stehen. ›Hinsetzen, oder ich schieße. Dreckiger Jude, setz dich.‹

Es ist ein schöner Mann, der da steht. Auf diesem LKW. Ein anderer Geschäftsmann streckt seine Hand nach ihm aus. Will ihn beruhigen, ihn dazu bewegen, sich wieder zu setzen. Da fällt ein Schuss.

Mein Vater sieht zu mir herüber. Er sitzt da wie eingefroren. Mit einem traurigen Gesicht. Der Tote wird vom Wagen gestoßen, der Motor angelassen. Der schöne Mann blutet eine Lache auf das Kopfsteinpflaster. Ich renne nach Hause.

Zwei Tage später kommt mein Vater in unsere Wohnung zurück. Meine Mutter öffnet ängstlich die Tür. Sie nimmt ihn in den Arm. Beide umarmen sich so fest, bis ihre Arme zittern. Kein Wort fällt. Tamas hängt an Vaters Knien, und ich versuche, meine Arme um alle zu schlingen. Wenige Tage später müssen sich alle jüdischen Männer der Stadt zu einer bestimmten Uhrzeit am Hauptbahnhof versammeln.

Am Gleis wurden die Namen aller Männer auf einer Liste abgehakt. Wer nicht erschien, wurde von den Pfeilkreuzlern aufgesucht und getötet. Männer unterschiedlichen Alters. Bestiegen den bereitstehenden Waggon. Sie waren Lehrer, Ärzte, Schneider, Lackierer, Gleisarbeiter, Geschäftsleute, Handwerker, Apotheker und Musiker. Mit ihren Träumen, Ängsten und ihrem Gepäck an Leben fuhren sie ins sechzig Kilometer von Budapest entfernte Arbeitslager. In eine kleine Stadt Namens Nagykata. Viele waren noch zuversichtlich, dass sie bald ihre Lieben zuhause wieder umarmen könnten.«

»Hat sich dein Vater aus dem Lager irgendwie melden können«, frage ich.

»Er schrieb eine Karte. Darin stand, dass die Unterbringung wohl ganz gut sei. Er hoffe, uns bald alle zu sehen. Auch wir klammerten uns an diese Hoffnung. Mama weinte, als sie die Karte wieder und wieder las. Jahre später erfuhr ich, dass fast alle jüdischen Männer als unbewaffnete Bausoldaten eingesetzt wurden.

Ohne Uniform. Dafür mit einer extra Binde am Arm, die sie deutlich als Juden identifizierte. Sadistische Behandlungen, Demütigungen, Mangelernährung, schlechte Kleidung waren an der Tagesordnung. Über 100.000 Männer arbeiteten 1942 in diesen Einheiten. Sie hoben die Schützengräben an der Front aus, bevor die ungarische Armee dort dann kämpfte. Schutzlos waren die Juden. Der Transport meines Vaters war einer von vielen. Sie wurden abgeholt. Deportiert, nur weil sie Juden waren. Ich sah ihn nur noch einmal. Meinen geliebten Vater.«

»Ist deine Mutter noch mal in euer Geschäft gegangen?«

»In derselben Nacht. Sie hat verzweifelt versucht, noch Ware zu retten. Mein Onkel Zoltan hatte ihr dringend davon abgeraten. Er kannte meine Mutter, wenn sie sich etwas in den Kopf gesetzt hatte, machte sie es. Das war eine große Gefahr. Mama führte den Verkauf weiter, in unserer Waschküche. Vereinzelt kamen noch Kunden, dann blieben auch sie ganz weg.

Tamas und ich mussten jetzt immer öfter in das Kinderzimmer, wenn Mama in der Küche mit der Tante sprach.«

Eva steht jetzt neben mir. Sie hält mir ein Schälchen mit dunkler Schokolade unter die Nase. »Ab und zu rede ich mit ihnen«, sagt sie mit leiser Stimme, und lehnt sich an den Türrahmen. »Banale Dinge. Alltagsleben. Wann ich die Wäsche aufhänge, oder ob es heute windig ist. Ich laufe in der Wohnung hin und her und spreche mit meiner Mutter, als säße sie mir am Tisch gegenüber. Als wäre sie zu Besuch.«

»Zu Besuch in deinem Leben? Wie geht es dir damit? Gut?«

»Ja. Ich denke, sie hören mir zu. Jahrelang habe ich das nicht getan. Keine Fotos aufgestellt. Ich war ja in der Warteschleife. Dachte Jahrzehnte lang, sie treten wirklich wieder in mein Leben. Kommen zurück aus dem Niemandsland meines sehnsuchtsvollen Wartens. Ab und zu träume ich davon, dass Tamas mich aus Kanada oder Australien anruft. Wir plaudern, so, wie Geschwister eben reden. Über unsere Enkel und Urenkel. Unsere Kinder und Schwiegersöhne. Ich gucke auf dieses Telefon und wünsche mir, dass er durch die Leitung zu mir kriecht, mein Tamas. Mir mitteilt, dass er mit seiner Familie die Feiertage mit mir verbringen will.«

Wir lächeln beide. Ich wische mir die Tränen von der Wange.

»Es wird nicht passieren. Ich weiß es, Bärbel. Nur ein dummer, tröstender Traum einer älter gewordenen großen Schwester. Ich wäre gerne länger seine große Schwester gewesen. Ich konnte ihn nicht beschützen vor dem Unglück. Ich habe es nicht geschafft. Mama und Papa auch nicht.«

Das Klavier steht an der Wand. Die Puppe mit dem Hütchen und dem Porzellangesicht sitzt neben dem Teddy auf der Couch. Die Heizung gluckert stöhnend das Wasser durch die Rohre. Familienfotos. Erinnerungen. Die Bücher im Regal. Die Teppiche mit den Laufstraßen zwischen den Zimmern. Lebensspuren. Häkeldecken auf dem dunklen Esstisch. Die bunten Vasen und Schälchen, in denen immer eine Süßigkeit darauf lauert, vernascht zu werden. Ein gelebtes Leben, in dem ich mich bewege. Was für ein verwundetes Leben.

Die Stehlampe mit den Bommelfransen. Der dunkle Wohnzimmerschrank mit den Kristallgläsern und dem guten Geschirr darin. Die Ehrung der Stadt Frankfurt und die Ehrenplakette liegen auf dem Tisch.

Was sagt die Wohnung über einen Menschen aus? Eva hat neu angefangen. Ganz allein Schritt für Schritt das Leben gemeistert. Sie hat nach vorne geschaut und verliert nie ihre Wurzeln. Sie leben mit ihr und gehen gemeinsam mit Eva durch den Tag.

»Ich rede mit meiner Mutter, weil ich so viele Jahre geschwiegen habe«, sagt sie schüchtern. »Zu lange. Ich rede mit ihr und kann nicht mehr aufhören zu reden, als säße mir die Angst im Nacken, dass sie mich erneut verlässt. Lächerlich. Sie kam nie zurück. Sie hat es mir versprochen. Ich habe so viele Jahre gewartet. Sie wusste, ich bin alleine da draußen und versuche, mich zu verstecken. Erst bei der Familie des

Rabbiners. Er war selbst in Gefahr, ließ mich mit seiner Tochter Rad fahren. Ich fiel hin. Stand wieder auf. Mit Schorf an den Knien fuhren wir weiter. Ab und zu teilten wir uns das Zimmer in der Nacht. Meine Mutter wusste, das alles kann schief gehen. Verstecke werden entdeckt. Es ist ihr Versuch, mich vor den Nazis zu verstecken. Der Fluchthelfer hat mich nur über die Grenze gebracht. Bis zu den beiden alten Schwestern. Die Märchenschwestern waren das erste Versteck, das meine Mutter mir organisiert hat. Die beiden Frauen versuchten, mir das Alleinsein zu erleichtern, indem sie mir oft Märchen vorlasen. Märchen gehen selten gut aus. Ich konnte da nicht bleiben. Mama? Denkst du an dein Kind? Sie wusste von den Transporten. Sie wusste keine bessere Lösung als die, die sie fand. Wir wurden alle entdeckt.«

»Bist du traurig, dass sie dich in den Zug gesetzt hat?«

»Ich bin wütend, dass Hitler sie in die Situation brachte, sich von einem Kind trennen zu müssen. Ich bin traurig, weil mir ihre Liebe fehlt. Und ich bin traurig, weil ich so lange Jahre nicht weinen konnte. Jetzt laufe ich durch diese Räume und kann nicht aufhören zu weinen.«

»Warum erst jetzt?«

»Wer weiß schon warum.«

Ich sitze gemütlich auf meiner grünen Couch und öffne die Post. Rechnungen. Werbung. Eine Postkarte meiner Cousine aus den Ferien. Sie ist die Einzige, die ich kenne, die noch Postkarten schickt. In Spanien, bei 40 Grad, sucht sie nach Briefkästen, um ihre Urlaubskarten zu verschicken. Wie früher, als es noch Telefonzellen gab. Das rührt mich. Zehn Tage später lese ich, wie das Wetter in Marbella war und was sie dort gegessen hat. Wahrscheinlich dasselbe wie zuhause. Meine Cousine ist Vegetarierin. Salat, Tofu und Gemüse. Das schmeckt in Spanien bestimmt nicht anders als in Deutschland. Der nächste Briefumschlag, den ich öffne, ist größer als die anderen und leicht gefüttert. Er sieht elegant aus. Ist cremefarben und edel. Der Name des Absenders thront in geschwungener, dunkelroter Schrift selbstbewusst auf der Rückseite des Briefes. Ich öffne ihn. Vier kleine quadratische Karten rieseln mir in den Schoß. Der Sohn von Freunden heiratet. Nun wird es ernst. Im Umschlag der gesamte Ablaufplan des Festes. Die Website für das Hochzeitsgeschenk, Links zu den Hotels und dem Shuttlebus zur Synagoge, die Adresse für die Partylocation. Zwei Mittdreißiger, beide berufstätig, beide mit eigener Kreditkarte, beide noch kinderlos schippern zum ersten Mal in den Hafen der Ehe. Sie planen und organisieren die dreitägige Hochzeitsfeier seit Wochen. Haben auf den Stühlen für die Hochzeitsgesellschaft probegesessen, sich für eine Farbe bei den Hussen entschieden, die auch zum Blumengesteck passt. Sie haben auch probegegessen, mehrere Menüs an mehreren Orten, um sich dann für das zu entscheiden, wo wir uns alle immer entscheiden müssen: Fisch oder Fleisch. Beides landete am Ende auf der Karte. Monatelang wurden alle Details bis ins Detail besprochen. Nichts wurde dem Zufall überlassen, Überraschungen gab es dennoch. Einladungslisten. Blumenauswahl. Tischdekoration, das Menü, die Sitzordnung, die Hochzeitsgarderobe. Der ganz normale Traumtag-Wahnsinn. Der große Tag rückte Woche um Woche näher. Die Brautmutter testete Frisuren. Der Bräutigam ging plötzlich joggen. Die Braut feierte mit Freundinnen ihren Abschied von der Freiheit.

Vier Wochen später. Heute ist Hochzeit. Es ist Sonntagvormittag. Shabbat ist vorbei. Es darf geheiratet werden. Um 12.00 Uhr beginnt die Zeremonie in der Synagoge. Ich fahre mit dem Rad hin, schließe es ab, laufe an der Security vorbei und am Brunnen im Innenhof. Ich komme gerade noch rechtzeitig an. Für die Zwei beginnt heute ihre Reise durch die guten und schlechten Zeiten. Wir sind ihre Zeugen.

Seit 1908 steht diese Synagoge in Frankfurt. Oft fahre ich mit dem Rad an diesem kuppelüberwölbten Bau vorbei. Sie ist ein Wahrzeichen der Stadt und hat als einzige Synagoge die Novemberpogrome 1938 und die Zeit der Nationalsozialisten überstanden. Die Talmudstudenten laufen durch das Viertel zur Synagoge, auf dem Weg zu ihren Betstuben und Lehrsälen.

In der nach einem Innenbrand im zweiten Weltkrieg restaurierten Frankfurter Westendsynagoge sitzen wir Frauen oben auf der Galerie, blicken hinab auf unsere Männer oder sie heben ihren Blick zu uns herauf. Kinder winken vom Balkon ihren Vätern zu, laufen lachend durch das alte Treppenhaus. Der riesige Kronleuchter strahlt alle an, und der blau-gelbgoldene Innenraum ist wunderschön. Er beruhigt mich. Bei Hochzeiten sitzen Männer und Frauen aber gemeinsam im unteren Bereich. Mein Mann ist schon da. Er winkt und hält mir mit den Kindern einen Platz frei. Ich liebe diese drei Menschen bis zum Herzplatzen. Und ich liebe Hochzeiten. Diese gespannte Erwartung. Das Herzklopfen und die Vorfreude auf das Hochzeitskleid der Braut. Ich greife fest die Hand meines Mannes. Schließe für einen Moment die Augen. Wie auf jeder Hochzeit denke ich kurz an unseren schönsten Tag. Erfüllt von Glück und Liebe.

Wie überall wird auch in der Frankfurter Synagoge der Traubaldachin von vier Stäben gehalten. Seidig weiß glänzt der Stoff. Weiße Hortensien, Rosen und Lilien schmücken die Chuppah. Dieses Dach symbolisiert das neue gemeinsame Dach der zukünftigen Familie. Zweihundert Menschen, Familie und Freunde, jung und alt warten auf den Beginn der Zeremonie. Der Kantor beginnt zu singen. Der Bräutigam wird von seinen Eltern zur Chuppah geführt. Er steht erwartungsvoll da und blickt über Freunde und Familie hinweg in Richtung Ausgang. Das Brautpaar hat vom Vorabend der Eheschließung bis jetzt gefastet. Die Braut hat am Abend zuvor getrennt von ihrem zukünftigen Mann geschlafen und das rituelle Tauchbad genommen. Nach wenigen Sekunden der Anspannung erscheint die Braut. Sie kommt, zu den Klängen des Kantors, in die Synagoge. Neben ihr die Eltern. Sie geht ruhig, ihr Gesicht unter einem Schleier. Die Eltern sind bereit, die Tochter nun loszulassen. Ihr Kind freizugeben. Der Rabbiner lächelt. Die Ketuba, der Ehevertrag, in dem der Bräutigam verspricht, seine Frau zu ehren, einzukleiden und zu ernähren, ist gerade vor Zeugen unterschrieben worden. Später wird der Rabbiner ihn vorlesen, jetzt begrüßt er uns alle zur Trauung. Bittet uns, die Handys zu verstauen und ganz bei dem Brautpaar zu sein. Er spricht von Vertrauen, Treue, den Weg des Kennenlernens der Beiden bis zu diesem Tag. Er preist die Verbindung für ein ganzes Leben und den Sinn von Familie. Dabei wirft er einen liebevollen Blick auf seine eigene Frau und ihre sieben gemeinsamen Kinder. Der Bräutigam beginnt zu weinen. Ein Taschentuch wird ihm zugesteckt, seine Mutter klopft ihm auf die Schulter. Die Braut zittert vor Glück. Sieben Mal umkreist sie nun ihren zukünftigen Mann. Geht langsam um ihn herum. Aufrecht. Nach der vierten Runde verheddert sich ihr hoher Absatz im Kleid. Sie hält kurz inne. Schüttelt ihren rechten Fuß vorsichtig aus dem Stoff. Zieht dann ruhig ihre Kreise. Immer weiter im Uhrzeigersinn. Sie bildet damit eine unsichtbare Mauer um ihren zukünftigen Mann, die ihn beschützen soll. Diesen symbolischen inneren Kreis betritt nur das Paar. Der Rabbiner liest den Ehevertrag vor. Gleich spricht er den siebenfachen Segen. Zuvor trinken Braut und Bräutigam gemeinsam aus einem Becher Wein. Der Rabbiner liest die sieben Segenssprüche auf das und für das Brautpaar. Der Trauzeuge sucht nach den Ringen in seiner Hosentasche, der Rabbiner nimmt sie entgegen. Er holt die Ringe heraus und zeigt sie der Gemeinde, fragt den Bräutigam, ob er die Ringe von seinem eigenem Geld gekauft hat. Das muss dieser bejahen. Er darf sich das Geld für die Ringe weder vom Vater noch von einem Freund geliehen haben, damit wäre die Ehe – nach jüdischer Tradition – ungültig. Der Bräutigam bejaht, ein Lachen macht die Runde. Der Bräutigam streift seiner Braut mit zitternder Hand den Ring auf den von ihr ausgestreckten, rechten Zeigefinger. Und wiederholt folgende Worte des Rabbiners: »Mit diesem Ring bist du mir angeheiligt nach dem Gesetz Moses und Israels.« Er rückt seine Kippa zurecht. Hebt ihren Schleier und darf sie nun küssen. Seine Frau. Das Eheglück ist besiegelt. Es wird gelacht, geweint. Taschentücher gereicht.

Die Braut ist gerade die glücklichste junge Frau der Welt. Aber die Zeremonie ist noch nicht vorbei. Am Ende der Trauung fehlt noch etwas. Selbst im Moment des größten Glückes soll jeder Jude in der Gemeinde seine Trauer über die Zerstörung des Tempels in Jerusalem zum Ausdruck bringen. Der Rabbiner spricht dann den Satz aus Psalm 137,5: »Wenn ich deiner vergessen sollte, Jerusalem, möge meine rechte Hand verdorren ....«, den der Bräutigam wiederholt. Mit Kraft tritt der Bräutigam seinen Fuß energisch auf ein eingewickeltes Glas. Es knackt und knirscht. In diesem Moment schreit die ganze Gemeinde, laut und aufgeregt. Mazal tov! Etwas skeptisch kontrolliert der Bräutigam, ob sich nicht doch ein Glassplitter in seine Schuhsohle verirrt hat. Schon wird diese Sorge durch Umarmungen und Küsse weggefegt. Jetzt wird endlich gegessen und getrunken. Gelebt. Es gibt einen kosheren Kiddush, die Brautmütter wischen sich die restlichen Tränen aus dem Augenwinkel, Wimperntusche läuft über viele rougegefärbte Wangen. Im Vorhof um den Brunnen werden Mettbällchen in Tomatensoße und gehackte Leber gereicht. Eine grüne Paprika thront auf einem Salatblatt, bevor sie zwischen zwei rotgeschminkten Lippen verschwindet. Die Kinder laufen lachend zwischen den Beinen herum. Die Braut wird jetzt von nahem bewundert, geküsst und umarmt. Sie bekommt Komplimente zum Kleid und hat eine Gruppe siebenjähriger Mädchen im Schlepptau, die sich darum streiten, wer die Brautschleppe tragen darf. Der Bräutigam steht bei seinen Freunden und trinkt ein Glas Wein. Es werden Fotos gemacht. Die Sonne scheint.

Ich greife erneut nach der Hand meines Mannes. Wir gehen gemeinsam durch unser Leben. Es ist dieser: Weißt-du-noch-als-wir-geheiratet-haben-Blick. Nun schnell noch einen kurzen Mittagsschlaf, und dann wird am Abend gefeiert.

Wir sind mit die letzten Gäste, die am Abend an der Partylocation eintreffen. Fackeln kämpfen gegen die Windböen, genau wie die Frisuren, die sich an Frauenköpfe klammern. Unsere Namen werden auf einer Liste abgehakt, wir erhalten die Tischkarten mit der Tischnummer darauf. Im Innenhof fliegen die Gläser von den Tischen, weil der Wind sich unter den weißen Decken selbst gefangen hat und nun den Ausgang sucht. Studentinnen tragen auf hochhackigen Schuhen Tabletts mit langstieligen Gläsern herum. Es sind weniger Gäste als in der Synagoge. Wer hier auf der Liste steht, gehört zum engeren

Familien- und Freundeskreis des Paares. Die Braut trägt jetzt schulterfrei, und von den Bäumen rieseln die Blütenblätter. Im Hintergrund glitzert der Fluss, Spaziergänger und Jogger passieren auf einem Kiesweg die Hochzeitsgesellschaft. Ich klebe mir auf der Hoteltoilette noch schnell ein Pflaster auf die Ferse. Heute will ich tanzen. Hora tanzen. Mit dieser gewundenen Tanzreihe werden wir die ganze Tanzfläche ausfüllen. Aber erst einmal werden alle hereingebeten in den Festsaal. Dieser leuchtet lila, alle suchen ihren Sitzplatz, es wird Wein ausgeschenkt, und Reden gehalten. Die besten Freunde erzählen von früher, der Bruder spricht mit Witz und Charme, der Bräutigam liebevoll zu seiner schönen Frau. Das Paar eröffnet mit einem Hochzeitstanz. Die ersten Klänge der Hora dröhnen aus den Boxen. Schon schweben Braut und Bräutigam auf zwei Stühlen hoch über den Gästen. Soviel Tradition muss sein. Sie halten die Enden eines Taschentuches über die tanzenden Köpfe hinweg, als Zeichen ihrer Verbundenheit. Wir bilden tanzend den Kreis um sie. Umtanzen sie. Mit und gegen den Uhrzeigersinn. Der Kreis verändert sich. Ständig. So wie Leben sich ändert im Großen und Kleinen, so wächst und schrumpft der Kreis. Wir tanzen enger an das Brautpaar heran. Die Braut droht, vom Stuhl zu rutschen. Sie wirft die Beine hoch und den Kopf in den Nacken. Sie kreischt. Will nicht abrutschen. Die Musik wird lauter. Sie klammert sich an die Sitzfläche. Ausgelassenes Lachen. Die Freunde, die die Stühle auf ihren Schultern balancieren, stöhnen langsam auf. Ihre jungen Gesichter glänzen, und wir drehen uns rauschhaft mit kickenden Fußbewegungen um die Liebenden. Die Musik wird schneller. Jemand tritt mir auf den Fuß. Egal. Weitertanzen. Der Rhythmus trägt mich. Aus dem Augenwinkel sehe ich meinen Mann. Er trinkt ein Glas Wasser und spricht mit einem Freund.

Ich stelle mich zu den Beiden. Suche mein Telefon in der Handtasche und mache ein Video für Eva. Noch gestern hatte sie mir von ihrem Mann Andor erzählt. Wie sie ihm begegnete, nach dem Krieg. Nach der Befreiung war es nicht leicht, einen jüdischen Mann zu finden. Weil es natürlich kaum mehr welche gab. Eigentlich gab es kaum noch junge Menschen. Die Gemeinden versuchten, zwischen den jungen Überlebenden ein Kennenlernen zu vermitteln. Damit neues jüdisches Leben entstehen konnte. Damit es Zukunft geben konnte neben all der Zerstörung und den Kratern, die der Krieg in die Familien gerissen hatte. Andor traf Eva in der Straßenbahn. Sie wusste augenblicklich, das war der Mann ihres Lebens.

Zu dieser Zeit ihres Kennenlernens teilte sich Eva ein Zimmer mit ihrer Tante, die das KZ Ravensbrück überlebt hatte. Die beiden Töchter ihrer Tante, Evas Cousinen, waren tot. Sie wurden vergast. Eva und ihre

Tante lebten in einem Zimmer in der Wohnung des kinderlosen Paares von Onkel Imre und Tante Olga. Onkel Imre war der Bruder von Evas verstorbenem Vater Károly. Anvertraut hatte sich Eva mit Herzklopfen nur der Tante, mit der sie das Zimmer teilte.

Evas Hochzeit war eine bescheidene Hochzeit. In Ungarn nach dem Krieg. Viele Gäste der kleinen Hochzeitsgesellschaft weinten schon nach wenigen Minuten, weil so viele Tanten, Cousinen, Brüder und Eltern dem Glück von Eva und Andor nicht beiwohnen konnten. In nur acht Wochen zwischen Mai bis Juli 1944 wurden 430.000 ungarische Juden ermordet. Die Rampe in Auschwitz-Birkenau wurde für die schnelle »Abfertigung« dieser Ungarn gebaut. Viele von Andors Freunden starben in den Lagern. Von seinen 33 Cousins und Cousinen überlebten nur 11 den Krieg. Andors Mutter Ilona überlebte auch das KZ Ravensbrück, sie wurden am 1. Mai 1945 befreit. Andors Schwester kam nach einem mehrwöchigen Fußmarsch erst ins KZ Ravensbrück und danach in das KZ Mauthausen. Sie wurde am 4. Mai 1945 befreit. Drei Tage nach ihrer Mutter. Keines der Familienmitglieder seiner Mutter Ilona kam aus Auschwitz zurück. Sie wurden alle ausgelöscht.

Andor tanzte nicht gern. Er stand lieber neben der Tanzfläche, während die anderen sich amüsierten. Er schaute ihnen nur dabei zu. Andor war ein stiller, feiner Mensch, immer korrekt. Sein Leben lang hat er schwer gearbeitet. Zwei verletzte Seelen, die versuchten, gemeinsam ihr Leben zu meistern. Zum Zeitpunkt des Krieges kannten sie sich noch nicht.

Ich muss an die vielen Ehen im Dritten Reich denken. An die, die sich noch lieben durften und deren Liebe verboten wurde. Der Reichstag regelte zu der damaligen Zeit auch den persönlichen Bereich der Ehe. Die Ehe wurde gefördert, das Kinderkriegen sowieso. Wer aber mit wem zusammenleben und wer wen heiraten durfte, das regelten die Nürnberger Rassengesetze. Die antisemitische Ideologie wurde mit dem erlassenen Gesetz vom 15. September 1935 zum *Schutze des deutschen Blutes und der deutschen Ehre* wirksam. Es verbot die Eheschließung und den außerehelichen Geschlechtsverkehr zwischen Juden und Nichtjuden. Die »Reinhaltung des deutschen Blutes« war eine der Kernaussagen der Rassenideologie. Sogenannte »Halbjuden« durften nur noch mit ausdrücklicher Genehmigung »Deutschblütige« ehelichen. Ab 1942 wurden Anträge dazu für die »Dauer des Krieges« gar nicht mehr angenommen. Der Liebe würde die Nähe verwehrt. Mischlinge zweiten Grades, Halbjuden, Vierteljuden, Voll-Juden und Mischlinge ersten Grades gab es plötzlich. Hitler hatte sich mit den Rassengesetzen in den intimsten Bereich der Menschen hineingefressen. Direkt in die Herzen der Paare. Er baute darauf, dass es Opportunisten gab, die ihre Ehepartner, Geliebten schutzlos fallen ließen. Die ihre Liebe verkauften und mit Füßen traten. Die ihre Haut retten wollten.

Ich gehe zu meinem Mann und nehme ihn in den Arm.

Ich bin zum Judentum übergetreten. Nicht für ihn. Für mich. Und unsere Familie. Für unser Wir.

Ich habe hebräisch gepaukt und wieder vergessen, ich kenne die jüdischen Feiertage und weiß, wie man einen kosheren Haushalt führt. Tue das aber nicht. Ich bin kein gläubiger Mensch. Ich trenne weder mein Geschirr noch mein Besteck und auch nicht Milchiges von Fleischigem.

Ich bin in die Mikwe getaucht und von drei Rabbinern streng geprüft worden. Ich darf in israelischer Erde beerdigt werden. Ich bin Mitglied der jüdischen Gemeinde und zahle Synagogensteuer. Ich bin eine Deutsche aus Deutschland, mit christlichen Eltern und christlichen Großeltern. Ich war protestantisch. Ich bin konvertiert. Ich bin Jüdin in Deutschland.

Wir erheben unser Glas.

Auf das Brautpaar.

Auf die Liebe.

Auf das Leben.

Heute Abend wird gefeiert.

Erst wird noch die dreistöckige Hochzeitstorte hereingefahren. Das Feuerwerk erhellt den Raum, alle klatschen und essen ein Stück vom süßen Glück.

Ich will tanzen. Hava Nagila spielt die Hochzeitsband. Ich laufe auf die Tanzfläche, die Ferse brennt, ich tanze gegen den Schmerz an. Lachend reihe ich mich ein in die sich bewegende Schlange der Tanzenden. Ab und zu will ich die Welt umarmen. Jetzt ist so ein Augenblick.

Ich wünschte, die Zeit würde die Notbremse ziehen. Einfach anhalten.

Die Welt hat auch schöne Orte.

13 AM HIMMEL HÄNGT EIN MOND

Heute musste Eva zum Friseur. Wir treffen uns deshalb am frühen Abend. Morgen hat sie ein Gespräch in einer hessischen Schule und spricht mit Kindern der 8. Klasse über die Shoa und ihre Flucht. Ihre Haare sitzen perfekt, so perfekt, dass ich ihr rate, heute Nacht besser im Stehen zu schlafen.

»Haarspray hilft«, sagt Eva lachend.

Ich frage mich, was Eva treibt, immer wieder von ihrer Geschichte zu erzählen. In so vielen Schulen. So vielen jungen Menschen hat sie versucht, ihr Leben zu erklären. Wie schnell Glück zerbrechen kann. Wie schnell sich Hass entflammt. Wie schnell ein Mensch draußen ist. Ausgestoßen und allein.

»Welche Frage stellen dir die Kinder am häufigsten?«

Sie zögert einen Moment, geht kurz in das immer gekühlte Schlafzimmer und kommt zurück mit einer bläulichen Strickjacke. Wir setzen uns auf ihren Balkon. Blicken in die Hinterhofgärten und wollen ein Gläschen von ihrem ungarischen Likör trinken. Die dunkle Flasche sieht aus wie ein Urlaubsmitbringsel. Ich gehe in die Küche und hole zwei Gläser aus dem Küchenschrank. Ich setze mich. Eine Gießkanne liegt auf dem Steinboden. Leere Blumenkästen warten auf den Frühling. Der eingerollte Sonnenschirm wirkt müde.

»Was die Kinder wissen wollen? Wie ich das geschafft habe zu überleben. Alleine«, sagt sie und klopft Laub vom Gartenstuhl. »Einige halten es für ein verrücktes Abenteuer. Wie eines ihrer Computerspiele. Manche glauben gar nicht, dass mir das alles tatsächlich widerfahren ist. Dass ich auch mal so jung war wie sie, in einer Zeit, in der die Welt kein schöner Ort war. Jedenfalls nicht für Juden. Erst wenn sie die Nummer in meinem Arm sehen, glauben sie mir wirklich. Neulich sagte ein Mädchen, dass ihr Vater auch ein Tattoo mit einer Zahl am Arm hat. Darüber war ich sehr erschrocken.«

»Und?«

»Er hatte sich das Geburtsdatum seiner Tochter eintätowieren lassen.«

»Wie hast du überlebt?« Ich schiebe uns Kissen in den Rücken.

»Es gab viel Bedrohung. Hass, Schläge, Demütigungen, stundenlange Schwerstarbeit. Der Kampf in der Baracke unter uns Frauen. Um jeden steinharten Kanten Brot haben wir gerungen. Stella, die junge Frau, die ab und zu ein Auge auf mich hatte, weil ich ihrer Tochter ähnelte, die Monate zuvor schon deportiert worden war, schob mir ab und zu ein Stückchen Brot in die Matratzenkante. Heimlich. Das kleine, harte Stückchen Brot war oft mein Schatz für den Rest des Tages. Menschen haben für eine Brotrinde getötet. Manchmal kuschelten wir uns auf der Pritsche aneinander. Eine wärmende Insel für wenige Minuten. Überlebenskampf. Jede war nur mit sich beschäftigt. Jede kümmerte sich um ihren Schmerz. Keine hatte Kraft übrig, sich der anderen anzunehmen. Wir mussten alle überleben. Darum ging es. Sogar die Hoffnung hatten wir aufgegeben. Hoffnung kostete Kraft. Hoffnung wurde zu oft enttäuscht. Das kostete wieder Kraft. Und trotzdem. Ich habe überlebt, weil ich jeden Tag aufgestanden bin. Ich wusste, den Appell zu verpassen, bedeutet in Auschwitz Tod. Ich war schutzlos. Eine Fliege an der Wand. Ein klappriges, ausgemergeltes Mädchen ohne Haare. Jeder Soldat hätte mich jeden Tag einfach abknallen können, ohne dafür zur Rechenschaft gezogen zu werden. Ich konnte jede Sekunde zerquetscht werden in dieser Todesfabrik. Alle spielten ihre Macht und ihre Machtfantasien aus. Ohne Gefühl. Ich habe alles gesehen. Menschen, die tagelang am Galgen hingen. Männer, denen die Schultern ausgekugelt wurden. Erschießungen. Erniedrigungen. Juden, die stundenlang nackt in der Kälte stehen mussten. Unbeweglich. Bewegung bedeutete Tod. Stundenlang mussten wiederum andere ihre Arme nach vorne ausstrecken, um auf ihren Händen ein Stück Seife zu balancieren. Fiel die Seife zu Boden, Tod. Einzelhaft. Aus dunklen, winzigen Zellen hörten wir die Schreie. Winzige Stehzellen, in denen bis zu vier Juden eingepfercht wurden. Brustkorb an Brustkorb, so eng, kaum Luft gab es dort unten.

Die Aufseher zählten immer wieder die Bewohner unserer Baracke durch. Immer wieder. Schikane. Wir waren an die zweihundert Menschen in dieser kleinen Baracke. Ich war erst elf und hatte schon verstanden, dass ich nicht schwach sein durfte. Sich fallen zu lassen, bedeutete den Tod. Den sicheren Tod. Trotz der Folter, der Kälte, immer wieder aufstehen. Das war mein Ziel.

Weißt du, was Hunger ist, Bärbel?

Der Hunger, dieser unerträgliche Hunger machte uns fertig. Nach einem ganzen Tag Arbeit gab man uns Suppe. Die Aufseher stellten oft einen Kübel Suppe ins Lager, ohne Löffel. Heißes Wasser war das, in dem zwei faulige Kartoffeln schwammen. Oft war ich so hungrig, dass ich mich auf die Wassersuppe stürzte. Du siehst den Topf, der von einem Soldaten hereingetragen wird. Alle haben Hunger. Hunger, der mehr ist als alles, was man sich vorstellen konnte. Alle stürzen sich auf den Topf. Einmal war ich die Erste am Topf, ich habe mir die Lippen verbrüht. Beim nächsten Mal blieb ich liegen und aß nichts, der Schmerz der Verbrennung war zu stark. Es waren eisige Monate. Die Winter in Polen sind kälter als hier bei uns. Die Erwachsenen haben uns Kinder an die Seite gedrängt. Ich musste um mein Essen kämpfen. Jeder gegen Jeden. Essen bedeutete Überleben. Es gab keinen Vorteil für mich als Kind. Es gab keine Verbündeten. Jeder kämpfte um sein Überleben. Ich kann sagen, ich kenne Hunger. Ich gehe heute anders mit Lebensmitteln um, als Menschen, die nie Hunger erlebt haben. Wenn der Hunger an dir nagt, bist du zu allem fähig. Du wirst zum Tier.

Und daneben war die Angst.

Ich habe gesehen, was passiert, wenn du morgens nicht zum Appell erschienst. Menschen, die nicht aufstanden, wurden niedergebrüllt. Dieses Schreien werde ich in meinem Leben nie vergessen. Wer nach dem Gebrüll nicht aufstand, wurde geschlagen. Wer das nicht verstand, ging gleich in den ersten Tagen in Auschwitz kaputt. Überlebte nicht. Wie oft dachte ich, heute schaffe ich es nicht. Wie oft dachte ich, der Tod ist besser als dieses Leben. Wenn ich den ganzen Tag barfuß Steinbrocken von links nach rechts geschleppt hatte, hoffte ich auf den ewigen Schlaf. Erlösung. Aber es gab diese andere Eva in mir. Die starke Eva, die Eva, die überleben wollte. Diese innere Eva hat mich geschubst und gesagt: ›Du musst! Du musst leben, Eva!‹ Die Schmerzen haben nie aufgehört, bis heute nicht. Noch heute kämpfe ich gegen Schmerzen an. Ich bin ein Stehaufmännchen.«

Ich schaue mir Evas Gesicht an. Ein liebes Gesicht. Ein liebevolles, gütiges Gesicht. Ihre Haut trägt Lebensspuren. Nicht nur ihre Haut.

Leise fährt sie fort: »Nach dem Appell gab es eine winzige Ration Margarineersatz und schwarzes heißes Wasser. Einmal bin ich nach dem Appell geschlagen worden. Ich wusch meine Hände. Ohne auf den Gong zu warten, der immer das Ende des Appells bedeutete. Die Aufseherin brüllte mich an und fragte, ob mir irgendjemand eine Erlaubnis erteilt habe, den Platz zu verlassen. Jede Quälerei war erlaubt. Auschwitz war das Paradies für Sadisten. Das war ihre Zeit. Du konntest in ihren Augen sehen, sie hatten Lust dazu, uns zu quälen. Wer macht so etwas? Menschen vergasen? Demütigen? Schlagen? Das waren doch keine Menschen mehr, dachte ich. Es dauerte lange, bis ich gelernt hatte, dass es wirklich Menschen waren. Menschen wie du und ich. Nicht nur Verrückte und Verbrecher. Nicht Menschen von einem anderen Stern.

Frauen, Kinder und alte Menschen wurden erniedrigt. Du sahst es in ihren Augen. Die Gewalt musste dauernd gesteigert werden. Noch heute wache ich nachts auf und höre ihr eisiges Lachen. Sehe mich bei Minusgraden Gräben ausheben oder stundenlang sinnlos durch den Schnee marschieren. In Holzpantinen, durch den Schnee.« Eva reibt ihre geschwollenen Fingerknöchel.

»Ändert sich etwas? Lernen Menschen aus der Geschichte? Glaubst du, heute ist es besser geworden, Eva?«

»Ich will es glauben. Ich muss es glauben. Wie sonst soll ich weiterleben? Wenn ich aber die Zeitung lese und die Nachrichten schaue und brennende Flüchtlingsheime sehe, neue junge Nazis, die ihren Hass herausbrüllen, rassistische Parteien in ganz Europa, die sogar Regierungschefs stellen ...«, dann bricht ihr die Stimme weg.

»Kannst du dich noch an die Gesichter der Täter erinnern?«

»Eiskalte Gesichter. Tote Augen. Nichts Menschliches.«

»Erzähl mir etwas von Stella.«

»Kurz vor der Befreiung wurden Juden von den Nazis auf Todesmärsche geschickt. Stella wurde nur 28 Jahre alt. Ich konnte mich nie bei ihr bedanken. Sie war einfach weg. Musste auf den Todesmarsch. Selbst ihr erzählte ich nichts von mir. Ich schwieg, weil meine Mutter es mir eingetrichtert hatte. Ich beobachtete. Ich war das schweigende Mädchen. Ich beobachtete die Erwachsenen. Ich musste schnell lernen. Schnell erwachsen werden. Der Preis des Schweigens war hoch. Wir alle trugen etwas in unseren Herzen, das es zu schützen galt. Das letzte Stückchen Zuhause wollte jede von uns für sich behalten. Viele haben geweint: Eigentlich weinte immer jemand. Wenn dich einer der Aufseher anschaute, wurdest du angebrüllt oder mit dem Gewehrkolben geschlagen. Ich habe immer ganz leise unter der Decke gewimmert. Hörten wir die Stiefel mit den schweren Absätzen, zitterten wir vor Angst. Sie kamen am Tag und in der Nacht. Wenn die Schuhe klackerten, drohte Gefahr. Still sein. Unsichtbar sein. Nicht auffallen. Trotzdem erschossen sie beliebig Menschen in dieser Baracke. Viele schrien die ganze Nacht. Sie wurden aus den Baracken gezerrt. Viele wurden verrückt. Verloren ihren Verstand. Hielten es nicht mehr aus. Hielten den Schmerz, hielten ihre Träume nicht aus. Das Gehirn: ausgeschaltet.«

Ich reiche ihr ein Glas Wasser. Wir sitzen noch immer auf dem Balkon. Es ist Nacht. Ich sage zu Eva: »Schau mal, am Himmel hängt der Mond. Derselbe Mond, der damals schon schien. Der Frankfurt-Mond war auch Auschwitz-Mond.«

Mehrere Minuten schauen wir nach oben. »Ja«, sagt Eva, »derselbe Mond. Aber nicht dasselbe Leben. Damals habe ich ihn aus meiner Baracke gesehen. Damals fragte ich mich, ob er mein Leid sieht? Derselbe Mond hatte mich auch schon früher gesehen, in meinem behüteten, liebevollen Elternhaus.«

»Träumst du von Auschwitz, Eva?«

»Ja. Ich werde von den Alpträumen wach. Ich sehe mich im Viehwaggon. Ich sehe meine Mutter. Und ich träume von den Kindern, die vor den Augen ihrer Mütter ermordet wurden. Und ich träume von meiner Mutter.« Eva weint jetzt. »Auschwitz war ein Zombieland. Ein gefühlloser Ort. «

Sie steht auf und kommt mit einer Flasche und zwei Gläsern zurück. »Zwack«: kosherer Schnaps. »Lass uns auf das Leben trinken«, sagt sie, während sie uns einschenkt. L' Chaim. Auf das Leben.

Am Himmel hängt ein Mond.

Ein paar Stunden später liege ich wach in meinem Bett. Ich denke an meine Familie. Die Scham kriecht mir den Rücken hoch. Sie schnürt mir die Kehle zu. Mein Vater war feige. Haben seine Eltern ihn so mutlos gemacht?

Sie, die schwiegen, sie, die weggeschaut haben, auch sie waren feige. Mutlos. Vielleicht waren sie aber gar nicht mutlos, sondern einverstanden? Überzeugt? Und nach der Befreiung? Waren sie wieder feige. Mutlos.

Vergessen. Vergessen. Vergessen. Nichts war geschehen. Hände in Unschuld waschen. Sich reinwaschen. Schweigen. Verschweigen. Und die Kriegskinder? Und mein Vater ? Durften nicht fragen. Fragen war gefährlich. Einige haben es dennoch getan. Gefragt. Das Land verändert.

Und mein Vater? Hat nichts eingefordert. Lebte nicht seine Träume. Durfte er nicht?

Und wenn du Fragen hattest, ganz normale, ich meine nicht die Fragen über »die Zeit«, wie es immer hieß, wurdest du mit einem eiskalten

Tonfall abgewürgt. Und wenn du Zweifel hattest, wer sie waren, was sie getan hatten »in dieser Zeit«, dann taten sie so, als ob du Luft seist.
Wann hast du aufgegeben, Papa?
Wann hast du aufgehört zu fragen?
Wann hast du aufgehört zu zweifeln?
Wann hast du angefangen, an dir zu verzweifeln?
Warum hast du nicht mehr gefordert, von deinem Leben?
Warum hast du dich abgefunden mit dieser Lieblosigkeit?
Warum bist du so unauffällig, so unsichtbar geworden?

Du wolltest Fußballprofi oder Schauspieler werden. Du wolltest leicht sein. Deine Eltern wollten, dass du »etwas Anständiges« machst. Du hast dich gefügt. Jahr um Jahr verschwand deine Leichtigkeit. Dein humorvolles Puppenspieler –Ich. Ich habe mit dir über meine Fragen nie richtig gesprochen, Papa. Ich wollte deine Schutzwand nicht zerlöchern.

Ab und zu deutetest du etwas an. Über die Nazizeit. Über deine Eltern, meine Großeltern. Über den alten, kinderlosen Onkel, der in »der Zeit« mitmachte und nach dem Krieg auch weitermachte. Er zog wie ein misstrauischer, bösartiger Blockwart weiter um das Mietshaus, in dem er lebte. In seinem Arbeiterviertel wetterte er gegen alles. Gegen Schwule, Lesben und Dunkelhäutige. Er mochte weder sich noch Veränderungen. Er veränderte sich nicht, obwohl sich die Welt veränderte. Den Tag der Befreiung von der Naziherrschaft empfand er bis zu seinem Tod als Niederlage. Er verachtete Willy Brandt für dessen Kniefall in Polen. Er räumte nie den Tisch ab, oder brachte nie den Müll raus. Das war Frauenarbeit. Davon war er überzeugt. Er war der Chef seines braunen Sofas und seines braunen Hirns. Die Tante hatte schlechte Augen, nickte ab und zu. Schwieg viel. Beide nahmen meine Mutter nach ihrer Flucht aus der DDR auf. Sie waren kinderlos. Sie mochten Kinder nicht besonders. Sie konnten mit meiner Mutter, einem fünfzehnjährigen Mädchen, nichts anfangen. Einem Kind, das gerade Vollwaise geworden war. Ihre Mutter verstarb, da war sie gerade fünfzehn. Noch in der Lehre. Ihre Lebensträume machten eine Vollbremsung. Mein Opa Rudi, der Vater meiner Mutter, verstarb in Gomel. Gomel liegt bei Tschernobyl, in Weißrussland. Er starb in einem Lazarett. An Malaria. Wahrscheinlich hat er sich das in den »Prypjat-Sümpfen« zugezogen, wie viele Landser damals. Das war 1941. Das Jahr, in dem meine Mutter geboren wurde. Sie kann sich nicht an ihn erinnern. Wie auch? Wenige Male hat er sie in den Armen gehalten, das vaterlose Kind. Das Schlüsselkind, das auf der Straße und auf den Hinterhöfen aufwuchs. Das Mädchen, das gerne Fußball und noch besser Faustball spielte. Oft im Windschatten ihres liebevollen großen Bruders.

Dieser Ersatzvater meiner Mutter, der Onkel, mauerte sich ein in seinem Hass. Der Onkel war sehr laut. Die Jahre und Jahrzehnte fraßen sich durch die Kalender. Die Sommer kamen und gingen. Meine Mutter amüsierte sich, wurde erwachsen, arbeitete, heiratete, war kein politischer Mensch. Wie viele andere auch. Sie verließ den Onkel und die Tante, bekam uns Kinder, zog in die Vorstadt. Liebte Sport. Ab und zu besuchten wir den Onkel. Der Hass des Onkels blieb. Der Onkel hasste auch die Achtundsechziger. Er hasste meine Lehrer. Nie sah er sich meine Zeugnisse an, da 68er mich unterrichteten. Er war sich sicher, dass sie mir die falsche Geschichte über Deutschland beibrachten. Als ich ihn aufforderte, sein Nazigequatsche und seinen Rassismus für sich zu behalten, klatschte er mir eine und erteilte mir Hausverbot. »Fass mich nie wieder an, du Nazi-Schwein,« war der letzte Satz, den ich ihm zurief. Zu seiner Beerdigung erschien ich nicht. Er war der Onkel, von dem wir es wussten.

Ich schäme mich für eure Kälte.
Ich schäme mich für euer Schweigen.
Ich schäme mich für euren Hass.
Ich schäme mich für eure Dummheit.
Ich schäme mich, dass ihr die Arme in die Luft gehoben habt.

Ich schäme mich, dass ihr der Propaganda geglaubt habt.

Ich schäme mich für euer Weggucken.

Ich schäme mich, dass ihr keinen Mut hattet.

Ich schäme mich für das Schweigen und die Stille.

Ich schäme mich für euer Weitermachen, als wäre nichts passiert.

Ich schäme mich für euer Glück auf den Rücken der Toten.

Ich schäme mich dafür, dass ihr euch noch selbst im Spiegel betrachten konntet.

Ich schäme mich, dass ihr euch nicht geschämt habt.

Ich schäme mich, dass ihr eure Fehler verschweigt.

Ich schäme mich, dass ihr euer Herz nicht eingeschaltet habt.

Ich schäme mich für euer Denunzieren.

Ich schäme mich, dass ihr euren Kindern nichts erzählt habt über die Anfänge in euch.

Ich schäme mich, dass ihr das NIE WIEDER verlacht habt.

Ich schäme mich für eure Lügen.

Ich schäme mich für eure Doppelmoral.

Ich schäme mich, dass ihr es habt geschehen lassen.

Ich schäme mich für euren Mangel an Widerstandskraft.

Ich schäme mich, dass ihr die Shoa nicht verhindert habt.

Ich schäme mich, dass es heute wieder Menschen
gibt, die die Shoa leugnen.
Ich schäme mich für das, es ist genug Gerede.
Ich schäme mich für die Kirchen, die Parteien, die
tausend Rädchen des Landes.

Meine Freundin Moni liebt Orangen.

Sie isst die kugelrunde Frucht im Büro, im Salat und am liebsten mit Entenfleisch. Sie schält Orangen schneller, als ich eine Mail beantworten kann. Der weiße, weiche Belag, der sich so gerne an das Fruchtfleisch klammert, stört sie nicht. Ich pule bei jeder Apfelsine geduldig diese langen weißen Fäden mit ab, Moni isst sie gleich mit. Sie filetiert ihre Apfelsinen nie. Sie beißt einfach rein. Manchmal quer, wie in einen prallen Apfel. Dann läuft ihr der Fruchtsaft aus den Ecken der Mundwinkel und bildet eine feuchte Spur bis zu ihrem Kinn. Sie wischt die Tropfen mit dem Handrücken ab, bevor sie in der Laptoptastatur eine Pfütze bilden. Sie lacht und beißt erneut hinein.

Moni feierte jahrelang mit Hingabe den niederländischen Oranje-Tag. Das war der Tag, an dem sie die Redaktion ausschließlich in orangen Klamotten betrat, uns allen netzweise Apfelsinen mitbrachte und eine große Obstschale damit auffüllte. Die Schale war selbstverständlich orangefarbig. Das war auch der

Tag, an dem Moni mittags in der Kantine einen großen Teller mit Karottensalat bestellte. Viele Kollegen schüttelten darüber den Kopf. Hinter ihrem Rücken begannen sie zu tuscheln, machten sich langsam Sorgen darüber, welche Dosis an orange in unserem Leben normal sei. Ich mochte ihren harmlosen Tick im grauen Büroalltag und hatte Spaß an ihrer Farb-Fantasie. Moni schläft am besten in oranger Bettwäsche und hatte über Jahre einen rothaarigen Freund. Sie mochte alle unsere Geschenke zu ihrem Geburtstag, solange sie orangefarbig waren. Ihr Schlüsselbund, Handyhülle, Kaffeetasse und die Arbeitstasche waren natürlich: orange!

Fuhren wir gemeinsam mit dem Zug zu einem Termin, bestellte sie sich am Fruchtstand im Bahnhof noch schnell einen Orangensaft mit geriebenem Ingwer, bevor wir hastig zum Gleis liefen.

»Orange macht einfach gute Laune,« sagte sie immer. Heute lebt Moni in Jaffa. Dem Land, wo die Orangenbäume blühen.

Evas Mann Andor arbeitete bei der ungarischen Außenhandelsvertretung. Er nahm seine Stelle ernst. Eines Tages kam er mit einem dicken Packen Geld nach Hause und kleidete sich neu ein. Zwei weiße Hemden. Zwei Anzüge. Gürtel. Ein Paar Schuhe, Socken und einen Mantel. So etwas war nach dem Krieg nicht üblich, schon gar nicht in Ungarn. Andor wurde versetzt, dann geschahen diese Dinge. Heimlichkeiten. Nur sein Chef war informiert. Über Wochen lernte Andor eine neue Sprache. Er sagte nicht welche und übte Vokabeln. Manchmal fütterte er das Kind und sprach dabei leise zu sich. Mit keinem Sterbenswörtchen verriet er, wohin er versetzt wurde. Niemals ließ er ein Vokabelheft oder ein Schulbuch liegen. Er ging früh und kam spät nach Hause.

Eva wurde unruhig. Kurz vor seiner Abfahrt zog Andor die Gardinen in der Küche zu. Das machten sie immer, wenn sie etwas Wichtiges zu besprechen hatten. Die Nachbarn gingen nämlich auf Augenhöhe am Küchenfenster vorbei. Rund um die Uhr ging jemand in das Haus hinein oder hinaus. Sie waren viele in dem Haus mit dem großen Innenhof. Auf dem Weg zu ihren Wohnungen mussten sie alle an den Küchenfenstern der anderen vorbei. Nachbarn redeten am liebsten über Nachbarn. Gerüche und Gerüchte zogen ihre Kreise, durch die Flure, vorbei an den Briefkästen und in Ohren, für die sie nicht bestimmt waren. Andor mochte weder Gerüchte noch Aufsehen. Er bat Eva, sich zu setzen. Er nahm ihre Hand und streichelte ihre Wange.

»Bald geht es los, ich bin so weit. Und ihr kommt nach.«

»Geht es nach London?«, fragte Eva nervös.

»Nein«, Andor schüttelte den Kopf.

»Nach Paris? New York? Oder sogar nach Australien?« Eva rückte auf der Stuhlkante nach vorne.

»Nein.« Andor schaute auf die Tischkante.

»Nun sag schon«, drängte ihn Eva.

»Nach Frankfurt.« Er schaute sie nicht an.

Eva entfuhr ein greller Aufschrei. Sie schlug die Hände vor ihr Gesicht.

»Das Frankfurt? In dem Deutschland?«

Er nickte stumm.

»Du hast in den letzten Wochen Deutsch gelernt? Die Sprache der Nazis?« Sie hatte von Amerika, Italien und Australien geträumt und jetzt Panik. Deutschland, das Land, das ihr die Eltern und den Bruder genommen hatte. Deutschland. Dahin sollte sie ihre Tochter bringen? Niemals.

Andor packte seinen Koffer. Eva wollte ihn beschützen. Nicht alleine lassen. Erst recht nicht im Täterland. Nie wieder wollte sie sich von Menschen, die sie liebte, trennen. Dann war es soweit – Andor reiste ab. Er wollte Geld sparen, die Stadt kennenlernen und eine kleine Wohnung für sich und die Familie suchen. Vier Monate später folgte Eva ihm. Sie fuhr gemeinsam mit ihrer Tochter Judith und Herrn Gati im Zugabteil nach Frankfurt. Eva saß seit Stunden aufrecht und mit hochroten Wangen im Zug. Aß kaum etwas von den selbstgeschmierten Broten, sie war furchtbar angespannt. Wie es wohl sein würde, dieses Deutschland? Wie sie wohl waren, diese Deutschen? Vorbei an kleinen Städten, Wäldern und Seen rauschte der Zug Richtung Frankfurt. Menschen stiegen ein, schleppten Koffer, Kinder zerrten an den Armen der Mütter, bis diese sie auf den Arm nahmen. Kilometer um Kilometer näherte sie sich den Menschen, die vielleicht ihren Eltern den Koffer aus der Hand gerissen hatten. Die ihren Bruder vergast hatten. Sie beschloss, mit niemandem in Frankfurt darüber zu sprechen, dass sie Jüdin war. Sie wusste, was einem dann in Deutschland passieren konnte.

Andor hatte ihr gesagt, dass es kein langer Aufenthalt in Frankfurt werden würde. Zeitlich begrenzt. Überschaubar. Er hatte zwei Briefe geschrieben. Darin eher hastig von seiner Arbeit, als von den Menschen im Land erzählt. Eva wollte keine Fehler machen. Sie wusste, dass eine Fehlentscheidung ein ganzes Leben ändern kann. Sie klammerte sich an ihr Kind. Es galt aufzupassen. Noch vor wenigen Tagen hatte Eva von der ungarischen Regierung ebenfalls einen kleineren Geldbetrag erhalten, um sich ebenfalls einzukleiden. Sie kaufte Kleider, Blusen, einen Rock, Schuhe und Unterwäsche, um Ungarn in Deutschland zu repräsentieren. Sie hatte alles in den Koffer gepackt, wieder ausgepackt und neu eingepackt. Sie hatte sich neben ihre Tochter auf den Boden gelegt und sie am Bauch gekitzelt. Was packt man in einen Koffer, wenn man als Jüdin Anfang der 50er-Jahre nach Deutschland reist? Es war doch erst gestern. Auschwitz. Die Wunden waren lange nicht verheilt. Es war erst neun Jahre nach Kriegsende.

Einige Jahre lang lebte Eva in zwei Welten. Evas Deutschland war Krieg und Hass, Gewalt und Gefahr. Jetzt landete sie in einer Demokratie voller Überfluss. Eben noch die Armut und Aussichtslosigkeit im wirtschaftlich katastrophalen Ungarn. Dort herrschte Not. Eva stolperte mit dem Nachtzug in das Wirtschaftswunderland Deutschland. Hier gab es Licht, Strom, Kleidung und Obst. Überall wurde gebaut. Dauernd musste sie sich kneifen und lernen zu begreifen, dass sie es war, der dieses alles passierte. Tatsächlich.

An ihrem dritten Hochzeitstag im August schickte Herr Gati ihr ein Blumenbouquet auf das Hotelzimmer in Baden–Baden. Beide Familien verbrachten dort mit ihren Kindern das Wochenende. Jeder Tag war etwas Besonderes für Eva. Sie begann, wieder zu leben. Das Leben wahrzunehmen. Ausgerechnet in Deutschland. Die Kaufhäuser platzten aus allen Nähten. Die Regale quollen über. Sie waren voll mit Bananen, Kakao, Pullover und Kaffee. Für Eva ein Wunder. Sie umklammerte den Kinderwagen und lief mit großen Augen durch diesen Warenrausch. Das Täterland wurde Schlaraffenland.

In Frankfurt bezog die Familie eine kleine Wohnung. Jüdische Strukturen gab es damals noch nicht in der Stadt, die Synagoge besuchte Eva nie. Sie kam an, eroberte mit der Tochter die Straßen und sprach wenig. Kaum ein Wort huschte auf Deutsch über ihre Lippen. Niemandem vertraute sie ihre Geschichte an. Eva wartete auch hier auf die Rückkehr ihrer Mutter. Nur ihr wollte sie von Auschwitz erzählen. Nur ihr wollte sie anvertrauen, was ihr kleines Mädchen erlebt hatte. Ihr Kommen war der Anker. Sie verdrängte den Gedanken völlig, dass ihrer Mutter etwas zugestoßen, dass sie getötet sein könnte. Dass sie im Gas von Auschwitz verschwunden sein könnte. Diese Gedanken ließ Eva nicht zu. Eva trauerte nicht. Sie funktionierte. Sie repräsentierte Ungarn an Andors Seite. Das Ehepaar ging auf Feste und war eingeladen zu eleganten Abendgesellschaften. Man schloss Bekanntschaften. Mit Andor konnte sie traurig sein, aber nicht trauern. Sie konnte ihm nicht erzählen, was sie als Kind erlebt hatte. Die Worte formten sich nicht. Ihre Erinnerungen blieben stumm. Eva wunderte sich, wie nett die Geschäftspartner ihres Mannes zu ihnen waren. Nie fiel ein böses Wort. Jeder bot Hilfe an. Eva fiel es schwer, so viel deutsche Freundlichkeit zu verkraften. Diese unverbindliche Nettigkeit machte ihr Angst. Wo hatten diese Deutsche ihre Fratzen des Hasses versteckt? Eva mochte nicht gerne alleine durch die Straßen gehen. Das Misstrauen kroch an ihr hoch wie ein Käfer an der Borke. Es blieb einfach sitzen. Es nistete sich ein. Es kam plötzlich und ohne Ankündigung. Es gibt keine Entschädigung für verlorenes Glück. Es gibt keine Entschädigung für eine geraubte Kindheit! Viele Ängste plagten Eva. Sie wollte so schnell wie möglich wieder weg aus Deutschland. Die Papiere für Kanada hatten Andor und sie schon beantragt, und das Visum war ausgestellt. Die Flugtickets bestellt. Dort wartete Familie. Die Cousine wollte ihnen einen Job auf der anderen Seite der Welt besorgen. Bloß weg von den Nazis, sagte sie immer. Diese Männer und Frauen waren als Lehrer, Geschäftsleute, Handwerker immer noch da. Sie waren wieder Nachbarn, Arbeitskollegen.

In der Nacht schwitzte Eva. Sie lag Stunde um Stunde wach. Andor war nicht gesund. Das Herz. Für einen weiteren Umzug, für einen weiteren Neuanfang wollte er die Verantwortung nicht übernehmen. Konnte sie nicht übernehmen. Also blieben sie in Deutschland. Sie richteten sich ein. Die Angstausläufer breiteten sich weiter aus. Legten ihre Tentakel. Eva war auf der Lauer. Sie traute niemandem. Sie trug jetzt einen Mantel, Schuhe und Handschuhe für ihre kaputten Hände. Sie hatte eine kleine Familie, und sie hatte Angst, kannte sie doch die folternden, schreienden, mordenden Deutschen, die Kriegstreiber, Denunzianten, Mitläufer. Die aktiven Parteimitglieder, die Hingucker und Weggucker. Wo waren sie alle hin? Wo versteckten sie sich? Alle taten so, als ob es das damals nicht gegeben hätte. Neugeborene der Stunde Null. Eva fühlte sich hilflos. Sie blickte den Menschen direkt ins Gesicht. Meinte zu erkennen, wer gut zu ihr war und wer nicht. Sie glaubte, sensible Antennen im Laufe der Jahre entwickelt zu haben. Und traute ihnen trotzdem nicht. Traf sie Menschen, jagten sie die Fragen: Was hast du im Krieg gemacht? Wie alt warst du? Und deine Eltern? Und deine Großeltern? Und deine Angehörigen?

Andor und Eva sprachen nicht über die Schäferhunde und auch nicht über Springerstiefel. Noch zehn Jahre zuvor hätten die neuen Geschäftspartner ihres Mannes sie nie an ihren Tisch gelassen. Das wussten beide nur zu gut. Zehn Jahre bedeuten nichts. Gar nichts. Können Menschen sich in zehn Jahren ändern? Keiner der Deutschen wusste, dass Eva eine ungarische Jüdin war. Wie hätten sie sich verhalten, **139** wenn sie erfahren würden, dass eine Jüdin in ihrem Haus an ihrem Tisch sitzt? Eva fragte nichts zum Krieg. Keiner sprach über die Kriegsjahre. Alle blendeten das Thema einfach aus. Eva blieb reserviert und zurückhaltend. Sie gab ihre Tochter in einen katholischen Kindergarten, der von Nonnen geleitet wurde. Ihre Nummer auf dem Arm puderte sie gewissenhaft ab oder trug langärmelige Blusen darüber. Im Land wurden die Trümmer immer weniger, und 1954 sah Eva bei einer sehr wohlhabenden Familie den ersten Fernseher. Alle guckten Fußball. Deutschland spielte gegen Ungarn.

Am 22.10.1956 fuhren Eva und Andor mit ihrer Tochter in den Urlaub nach Budapest. Drei Tage später brach die ungarische Revolution aus. Die Beiden hörten Schüsse, es gab Tote und Unruhen auf den Straßen. In ihrem Budapester Wohnhaus gab es viele Nachbarn. Jeder wusste von jedem. Wann man kam und wann man ging. Die Wände hatten große Ohren. Die Nachbarn beobachteten sich argwöhnisch. Erst recht, wenn Besuch aus Deutschland kam. Damals gab es keinen Austausch zwischen Ost und West. Informationen waren Gerüchte. Alle waren neugierig, wie es dort »drüben« war. Niemand glaubte Eva, dass es so viel von allem dort gab, während es in Ungarn so wenig von gar nichts gab.

»Herr Gati holte uns raus aus Ungarn«, erzählte Eva. »Er rief dauernd an und berichtete, dass ohne meinen Andor die Geschäfte in Deutschland nicht liefen.« Ohne seine Hartnäckigkeit hätten beide nach dem Aufstand in Ungarn das Land für Jahre nicht verlassen können. Ihm verdankten sie ein Leben in der Freiheit. Sie erzählten niemandem von ihren Fluchtplänen und mussten den ungarischen Pass zurücklassen. Am Silvesterabend 1956 verließen Eva und Andor mit ihrem Kind die Stadt vom Budapester Bahnhof. Derselbe Bahnhof, an dem ihre Mutter Eva vor über einem Jahrzehnt ein letztes Mal in den Arm genommen hatte. Der Zug fuhr sie nach Frankfurt. Ein Fahrer und Herr Gati nahmen sie dort in Empfang. Beide Familien beantragten Asyl in Deutschland. Mit sofortiger Wirkung verlangte die ungarische Außenhandelsvertretung ihre Möbel und die Wohnung von Andor und Eva zurück. Sie standen erneut vor dem Nichts. Familie Werkmeister, deutsche Christen, halfen ihnen mit Matratzen, Stühlen und Tischen in den ersten Tagen aus. Die Kinder spielten zusammen in der Nachbarschaft. Familie Werkmeister lieh ihnen Geld zum Überleben. Die Familie lebte in der Wilhelm-Hauff-Straße, nahe des Frankfurter Messegeländes. Andor stieg in das Pelzgeschäft ein. Die verlängerten Wochenenden in Scheveningen oder im Schwarzwald, wie noch zu Zeiten in der ungarischen Außenhandelsvertretung, wurden weniger. Im Souterrain des Hauses hatten sie eine kleine Werkstatt eingerichtet. Beide arbeiteten hart.

Am Abend stand ihre Tochter oft weinend im Flur. Das Licht aus ihrem Kinderzimmer und ihr Schluchzen drangen bis in die Werkstatt. Ihre Tochter fragte: »Warum habe ich keine Geschwister? Wo ist mein Opa? Und meine Oma? Die Kinder im Kindergarten haben alle Großeltern, nur ich nicht. Kauft mir doch wenigstens einen Hund«, jammerte das Mädchen unter Tränen. Dann schauten sich Eva und Andor traurig an. Nie hatten die beiden miteinander über ihre Zeit im Lager gesprochen. Am 5. Mai 1964 kam Evas zweites Kind zur Welt. Eine Tochter, mit Namen Anita, die als stolze Jüdin erzogen wurde. In ihrer Kindheit gab es wieder jüdische Strukturen in Frankfurt. Die Jüngste besuchte die jüdische Grundschule und musste nicht, wie ihre große Schwester, über Jahre ihren Glauben verheimlichen. In diesen Jahren begannen auch die Eichmann-Prozesse. Eva regte sich so sehr darüber auf, dass sie jedes Mal den Fernseher ausschalten musste. Es nahm sie zu sehr mit.

Wie gerne würde Eva ihrem Andor heute alles erzählen. Reden, nur reden mit ihrem geliebten Mann. Ihm sagen, wie leid es ihr tut, dass sie ihn nie nach seiner Zeit über das Lager gefragt hatte. Sie würde ihm von ihren Lesungen und Gesprächen in den Schulen erzählen, von den sieben Enkeln und Urenkeln, mit ihm lachen. Aber Andor weiß das sicher alles. Er bekommt da oben vieles mit. Da ist Eva sich sicher und schaut ab und zu in den Himmel. Genau wie ihre

Mutter und Tamas auch. Er war kein Draufgänger. Er war kein Geschäftemacher. Andor war immer korrekt und sehr, sehr fleißig. Vielleicht, so denkt sie manchmal, sitzen die Drei zusammen und schauen auf mich hinab. Sie hätten sich bestimmt gemocht, wenn sie sich zu Lebzeiten getroffen hätten.

Es fällt mir schwer zu verstehen, wie Eva mit ihrem Mann das Leben teilen, aber nicht mit ihm über Auschwitz reden konnte. Vielleicht war es so, wie viele Familien nicht über die Nazis sprachen, wenn sie Nazis in der Familie hatten. Und hatten wir nicht fast alle welche? Heute würde sie auch nicht mehr schweigen. So wie ich nicht mehr schweige. Eva und Andor hatten die Chance verpasst, sich im Schmerz kennenzulernen. Themen hätten die beiden genug gehabt. Sie waren sich nah, doch jeder trug das Geheimnis für sich. Tief verschlossen. Ein vergifteter Schatz. Vielleicht, so vermutet Eva, haben sie auch geschwiegen, weil es keine treffenden und ausreichenden Worte für ihren Schmerz gab.

Nur selten hat das Mädchen, das Auschwitz alleine überlebte, in den Jahren danach ihrem Mann oder Freunden gegenüber ihren Schmerz und ihrer Einsamkeit freien Lauf gelassen. Heute weiß sie, dass das falsch war. Andor spürte ihre Traurigkeit, doch er hat nie nachgefragt. Stattdessen ist er mit Eva ausgegangen und hat ihr kleine Geschenke gemacht. Er wollte sie immer aufheitern.

Nach seinem Tod 1993 hat Eva nicht wieder geheiratet. Im Kleiderschrank fand sie später Hefte
mit Andors Aufzeichnungen und Notizen über seine
Zeit im Lager. Auf seine Art hatte er ein Leben lang
versucht, ihre Trauerwolken ein Stück zur Seite zu
schieben, nur um etwas Sonne in Evas Leben durch-
zulassen.

...

did you see?
they're singing and dancing
in fucking peace and harmony
like in Harry Belafontes fuckh
banana boat
let's take the banana boat
to the fuckh middleeast
Jewish Monkeys, Banana Boat vs Hava Nagila

Ich sitze mit meinen Freunden Hussein und Hannah auf einer ausgeleierten, befleckten Ledercouch in einem Frankfurter Club. Wir wippen mit den Füßen und trinken Bier aus Flaschen. Es ist Nacht, und diese Nacht soll nie enden. Keiner ist müde. Wir sind in der Wolke der Beats gefangen. Hören Klezmer-Punk. Wir schreien uns gegenseitig in die Ohrmuscheln, bis die Stimmbänder flattern, wir nicken, reden und zeigen auf irgendwas und irgendjemanden. Keiner versteht nichts. Wir teilen das Leben. Wir surfen durch diese leichte Nacht, in der sich Freundschaft gut anfühlt. Ich muss die Kette an meinem Rad nachher wieder in die Radnabe fummeln, ich muss mir noch das Fahrradöl unter den Nägeln abbürsten, ich muss noch T-Shirt-Berge bügeln und die Hausaufgaben der Jungs kontrollieren. Jetzt muss ich nichts. Ich lass mich fallen und bestelle uns noch drei Drinks. Wir liken die *Jewish Monkeys* auf youtube seit ihrem ersten Hinterhofkonzert und twittern, dass die bald durch die Decke gehen. Wir kennen einen Freund, der einen Freund hat, der einen kennt, der in der Band mitspielt. Wenn alles so bleibt, wie es gerade ist, dann ist es schön. Es ist leicht, und das eiskalte Bier lässt meinen Kopf im Wackeldackel-Modus nicken.

Wir reiten den Sound und gehen heute nicht nach Hause.

Ich gehe über euch.

Ich sehe euch.

Ich lese eure Namen.

Ihr liegt zu unseren Füßen. Wurdet einbetoniert in unsere Laufwege. Messingsteine auf den Bürgersteigen. Stolpersteine.

In meiner Straße. In der Straße nebenan. Im gesamten Netzwerk aller Straßen unserer Innenstadt. In meiner Stadt. In der Nachbarstadt. In der Stadt neben der Nachbarstadt. Der nächsten und übernächsten weiter entfernten Stadt. An 1.099 Orten kann man mit offenen Augen stolpern. In zwanzig Ländern Europas wird an die Deportation mit dieser stillen Geste erinnert. Steine, die mich anhalten lassen. Die mich zum Nachdenken bringen. Unsere Lebensnetzwerke sind miteinander verwoben. Damals und heute. Eure Namen auf den Steinen gehören zur Generation meiner Großeltern. Eure Namen stehen für Kinder im Alter meiner Eltern. In euren Wohnungen leben heute auch wieder Familien. Jüdische. Christliche.

Muslimische. Atheistische. Sie leben, so wie ihr gelebt habt. Mit Geburtstagskuchen, geblümter Bettwäsche, den Alltagssorgen und dem Zähneputzen. Die Spuren eures ausgelöschten Lebens sind die Steine. Ihr hattet auch Alltag, bevor ihr abgeholt und ausgegrenzt wurdet. Wie kann man nicht stolpern über den Gedenkstein?

Wie kann man nicht kurz stehenbleiben im Tagesallerlei? Und weil Nachbarn in meiner Straße oder in der Straße nebenan weggeguckt haben, seid ihr jetzt weg. Es ist endgültig. Wie das Messing, das in der Sonne glänzt und nie zu schmelzen scheint, kommt ihr nie mehr in eure Wohnungen zurück. Nie wieder werden Briefe zu euren Händen, an eure Adressen geschickt. Nie wieder werdet ihr Abschiedsküsse geben, oder an euren Haustüren Gäste empfangen. Euer altes Leben habt ihr nie wieder betreten.

Endlösung – Auslöschung allen Lebens.

Immer, wenn ich einen Stolperstein sehe, fühle ich mich den Toten verbunden. Hier und heute. Ihr seid mit euren Namen in meinem Jetzt. Ich sehe viele Stolpersteine. Ich halte inne, bremse meinen Lebensalltag aus und verweile für einen Moment vor dem Ort, an dem Juden freiwillig und in ihrem letzten selbstgewählten Zuhause gelebt haben. Mit HIER WOHNTE ... beginnt mein Gedenken im Text des Stolpersteins.

Ein Name. Ein Ort. Ein Mensch.

Der Künstler Gunter Demnig erinnert mit seiner sensiblen Arbeit an die Opfer der NS-Zeit. »Ein Mensch ist erst vergessen, wenn sein Name vergessen ist«, zitiert er den Talmud.

Es regnet und schneit auf euch. Die Sonne erhitzt eure Steine. Kinderfüße, Räder und Hundepfoten berühren den eingravierten Todesort. Eure Namen, das Lager und das Jahr eurer Deportation stehen darauf. Mahnen uns. Erinnern uns an eure Tränen, die Gewalt, die euch angetan wurde. Das Herauszerren aus euren eigenen vier Wänden. Damit wir nicht vergessen. Damit jede neue Generation nachfragt: Was bedeutet das?

Wir sehen euch und leben weiter. Ihr begleitet meinen Alltag in meiner Stadt. Seid Erinnerungsschatten.

Wehren wir den Anfängen, oder sind wir schon längst wieder darüber hinaus? Mahnen uns eure Namen, oder werden wir nachlässig? Wo schauen wir heute weg? Wo machen wir ähnliche Fehler wie unsere Großeltern? Die jüdischen Schulen und Einrichtungen tragen noch immer das Schutzschild des Sicherheitsglases und das Kleid des Polizeischutzes.

Ich beuge mich über euch, verdrehe den Kopf und lese eure Namen. Gehe nach Hause. Mit euch im Gepäck besteige ich die Stufen meines Altbaus. Ich nehme euch mit, in eure Wohnhäuser zu Freunden und zu uns. Gemeinsam steigen wir die Stufen hinauf. Ich sitze am Küchentisch und weine. Mein ältester Sohn kommt herein und fragt mich: »Was ist los, Mama?« Er nimmt mich in den Arm.

Die Tränen laufen und ich weiß nicht, wie ich sie stoppen soll. Ich weiß so wenig, dass ich gar nichts mehr weiß. Ich weiß nichts über den Hass. Ich weiß nichts über das Erinnern. Und noch weniger über die Menschen. Ich halte ihn fest und überschütte ihn mit Küssen.

»WAREN IHRE ELTERN NAZIS, HERR SCHÄFER?«

Mein Vater traf meinen Mann zum ersten Mal in einem Café. Wir wollten heiraten. Ein Haus an einem See. Am Ufer schaukelten die Tretboote und warteten auf Kundschaft. Das Schilfgras bog sich sanft im Wind. Es war eines dieser Cafés, wo die Damen am Wochenende keinen Kuchen, sondern große Tortenstücke auf bunten Porzellantellern bestellten und Hüte auf grauen Haaren thronten. Auf den Parkplatz fuhren blank polierte Autos. Die Männer saßen am Steuer und die Frauen dieser Generation brav neben ihnen. Mein Vater mochte dieses Café. Ob er seinen Schwiegersohn mögen würde, da war ich mir unsicher. Er wollte ihn vor unserer Hochzeit gerne kennenlernen. Darum dieses Treffen. Zu dritt. An einem neutralen Ort. Mein Vater bestellte sich einen gedeckten Apfelkuchen mit Schlagsahne und erwartete uns.

Ich kam kurz nach ihm an. Warf meine Tasche auf die Bank und meinem Vater einen Kuss zu. Mein Hund hatte sich gerade von der Leine gerissen und jagte die Enten um den Teich. So was ging nie gut. Ich verschwand, um den Vierbeiner mit dem ausgeprägten Jagdtrieb wieder einzufangen. Ich war zu aufgeregt, um etwas zu essen. Was, wenn die beiden Männer sich nicht mochten? Ich wollte, dass das Kennlerngespräch gut verlief zwischen diesen Menschen, die unterschiedlicher kaum sein konnten. Da kann man doch nichts essen. Ich musste die Hände frei haben, um mir unter dem Kaffeetisch selbst die Daumen für diese Zusammenkunft zu drücken. Der Butterkuchen, den die Kellner stapelweise auf ihren Unterarmen durch das Café trugen, musste warten. Leider. Butterkuchen war hier die Spezialität des Hauses. Ich liebe Butterkuchen. Ich lief zum See. Winkte meinem Vater vom Seeufer zu. Er winkte hinter der tief liegenden Glasfront zurück. Und sprach mit dem Kellner. Mein Hund paddelte mittlerweile im See hinter einer Gruppe aufgeregt schnatternder Enten hinterher.

»Snoopy, komm zurück. Snoooooopy!!« Mein Hund war nicht so schnell wie Michael Phelps, aber sein Kopf wurde auf der Wasserfläche immer kleiner und kleiner. Er legte ein gutes Tempo vor. Ich musste aufpassen, nicht selbst mit den Füßen ins Wasser zu rutschen.

Mein Mann kam etwas später von einem anderen Termin in der Stadt dazu. Sein Wagen hielt vor dem Café. Er stieg aus. Streckte sich. Zog seine Anzugjacke über. Schob sein Handy in die Jackentasche.

»Schatz! Hallooooo! Hier bin ich. Hallo!«, versuchte ich ihn auf mich aufmerksam zu machen.

Er schaute in meine Richtung. Reagierte nicht.

»Schaaatz! Hier!! Siehst du mich denn nicht? Hier
hinten. Im Schilf!«

Er blieb stehen. Mein linker Unterarm winkte aus
dem Gras. Er sah mich nicht. Verschwand im Café.

Durch die Scheibe konnte ich sehen, wie die Zwei
sich begrüßten. Eher förmlich. Mein Vater stand auf.
Sie gaben sich die Hand. Keine Umarmung. Mein Vater deutete auf mich. Ich hielt mein Handy hoch und
winkte zurück. Michel lachte. Mein Vater zeigte auf den
Hund. Snoopy schwamm, gefolgt von einem Schwanen-
pärchen, gerade wieder zurück in meine Richtung. Ich
hielt den Daumen hoch. Signalisierte Richtung Café Zu-
versicht. Zeigte auf den Hund. Lachte. Dachte aber: Na
warte, Freundchen! Wenn ich dich am Halsband habe.
Dass du mir dieses Treffen versaust, verzeihe ich dir nur
schwer. Das hat Konsequenzen.

Mein Mann bestellte auch etwas beim Kellner. Bestimmt Streuselkuchen. Er bestellte immer Streuselkuchen, wenn es Streuselkuchen gab. Beide sprachen
miteinander. Wahrscheinlich war es gut, wenn sie es
ohne mich taten. Wir waren alt genug, um die Trag-
weite einer Hochzeit einschätzen zu können. Es ehe-
licht sich aber besser mit dem Segen der Eltern. Meine
Schwiegereltern konnten mich nicht mehr kennenlernen. Auch ich bin diesen beiden Menschen nie begeg-

net. Stattdessen: Friedhof. Ich besuche regelmäßig ihr Grab. Meine Schwiegereltern wurden in Polen geboren. Sie in der Großstadt, Krakau, aus einer großbürgerlichen Familie stammend. Ihre roten Haare verzauberten die Jungs. Mein Schwiegervater kam aus einem Vorort von Krakau. Sie trafen sich und er eroberte ihr Herz. Über fünfzig Jahre sollten sie zusammen bleiben. Sie hatten so viele Träume, damals. Für sich und die Welt, in der sie lebten. Dann kam Hitler. Und der Krieg. Die Deutschen besetzten Polen. An diesem Tag starb ihre Zukunft. Trotzdem heirateten sie im Warschauer Ghetto. Trotzdem wollten sie die Hoffnung nicht begraben. Sie waren jung. Dass sie das Dritte Reich überlebten, war purer Zufall. Glück. Das Glück hatte einen Namen: Oskar Schindler. Dieser Deutsche, der etwas tat, während die meisten Deutschen sich einredeten und später auch ihren Kindern, dass ein Einzelner nichts hat tun können in diesen Zeiten. Manchmal denke ich, dass das alles hätte verhindert werden können, wenn es mehr Oskar Schindlers gegeben hätte. Wenn man den Anfängen gewehrt hätte. Manchmal denke ich, dass der Schlüssel zur Frage: Wie konnte das alles passieren? nicht am Ende der Gewalt, also in Auschwitz alleine lag, sondern bei den Anfängen der Gewalt. Den nicht verhinderten Anfängen, die zur nächsten Stufe der angefangenen Gewalt führten. Und dann wieder zur nächsten Gewaltstufe.

Wann begann die Ermordung von Menschen? Als die

Lokomotivführer, die deutschen Beamten, ihre »Ware« in den Vernichtungslagern abgeliefert hatten? Und sie sich nie darüber wunderten, dass nie jemand mit ihnen zurückfuhr? Oder begann die Ermordung von Menschen, als am Wannsee Menschen die Endlösung beschlossen hatten? Oder begann die Ermordung von Menschen am 9. November 1938, als in ganz Deutschland, in jeder Stadt, in jedem kleinen Ort, Synagogen, also Gotteshäuser, brannten? Und Millionen Menschen, Christen, dabei zuschauten. Oder begann die Ermordung, als die Bücher brannten? Wann begann die Ermordung von Menschen, als die Rassengesetze beschlossen wurden? Und Richter Ehen annullierten, als wäre Unrecht je Recht geworden, nur weil ein Gesetz dazu beschlossen wurde. Oder begann die Ermordung von Menschen, als Juden gezwungen waren, mit einem gelben Stern, wie Vieh gebrandmarkt, durch die Straßen zu gehen? Ihre Geschäfte geplündert wurden und Nachbarn schweigend mit angesehen hatten, dass sie aus den Wohnungen abtransportiert wurden.

Ich frage mich oft, wann beginnt heute die Ermordung von Menschen?

Wie viele Anfänge haben wir heute schon hinter uns gebracht? Können wir heute noch von *Wehret den Anfängen* sprechen, oder sind wir nicht schon längst darüber hinaus?

Als meine Schweigereltern befreit wurden, waren sie nicht mehr dieselben. Zu viele Lebensnarben. Mein

Schwiegervater hörte auf seinem rechten Ohr nichts mehr. Ein deutscher Soldat hatte mit seinem Gewehrkolben sein Trommelfell zertrümmert. Er musste mit ansehen, wie von den vielen seiner Geschwister einige vor seinen Augen erschossen wurden. Er soll ein schöner Mann gewesen sein. Ein stiller Mann. Bei meiner Schwiegermutter waren die Alpträume stärker als jeder Schlaf. Im Schein der Tischlampe schrieb sie nächtelang Briefe. An Freunde in der ganzen Welt. Wie sie, Überlebende. Sie versuchten das, was man Leben nennt wieder aufzubauen. Zuerst in Polen. Dort fanden unmittelbar nach dem Krieg Pogrome gegen Juden statt. Sie flohen nach Paris. Sie waren polnische Staatenlose. Entfremdete am falschen Ort. Mit einer kleinen Kaffeerösterei versuchten sie einen Neuanfang. Dann zogen sie nach Frankfurt. Nach Deutschland. In das Land der Mörder. Mein Schwiegervater las im Schein der Küchenlampe abends erschöpft die Tageszeitung. Die Frankfurter Allgemeine Zeitung. Neben ihm sein Wörterbuch. Er wollte die Sprache lernen. Mein Mann war ein Kind, als sie alle ins Täterland zogen. Wie oft hat er mir erzählt, dass er auf die Frage: Warum nach Deutschland? nie eine Antwort bekommen hat.

Wahrscheinlich wäre es zu unserer Hochzeit gar nicht gekommen, wenn meine Schwiegereltern noch leben würden. Denn wenn man, wie es bei ihnen der Fall war, auf Schindlers Liste gestanden und nur dadurch den Holocaust überlebt hatte, musste man sehr vorsichtig werden. Vorsichtig gegenüber deutschen Familien. Und wenn meine Schwiegermutter, bis auf ihre eigene Mutter, alle anderen Familienangehörigen in der Shoa verloren hatte und die sechs Geschwister meines Schwiegervaters, seine Eltern und alle anderen Angehörigen deportiert und getötet wurden, dann wünscht man sich für seinen Sohn vielleicht keine Frau aus einer deutschen, christlichen Familie. Und trotzdem verlieben sich junge Menschen ineinander. Wie wir uns verliebt haben.

Das alles wollte ich mit meinem Vater besprechen. Und unsere Hochzeit. Und den Termin im Standesamt. Und unsere Chuppah in New York. Und meinen Übertritt. Stattdessen laufe ich hier um den See und renne diesem kleinen, braunen Straßenhund hinterher. Ich will, dass er keine Enten reißt. Ich will, dass er zurück nach Hause kommt. Der Hund ist bisher noch nie geschwommen. Bis eben war mir unbekannt, dass er überhaupt Schwimmhäute besitzt. In der Badewanne will er regelmäßig Reißaus nehmen und hier macht er jetzt sein Streber-Schwimmabzeichen, oder was? Wem muss er denn etwas beweisen? Ausgerechnet jetzt. Ausgerechnet heute muss der auf Entenjagd gehen. Ihn hier einfach herumschwimmen lassen und mich selbst an den Kaffeetisch setzen, geht ja auch nicht. Das kann ich nicht zulassen. Er würde mich nicht finden. Oder noch schlimmer, er würde mich gar nicht suchen. Am Ende würde ihn noch ein Förster aus den Parkanlagen anschießen.

Mein Vater und mein Mann gestikulieren inzwischen wild hinter der Scheibe. Eigentlich nur mein Mann. Ich muss lächeln. Typisch. Er spricht gerne mit seinen Händen. Andere würden mit seinen ausladenden Bewegungen ganze Fliegenschwärme vertreiben. Was wohl ihre Themen sind? Mein Mann beugt sich vor. Gleich wird er meinen Vater am Unterarm berühren. Schon schwebt seine Hand über den Tellern. Er weiß, dass mein Vater Berührungen hasst. Sie machen ihm Angst. Er empfindet Nähe als unangenehm. Weil er als Kind von seinen Eltern nicht umarmt wurde? Weil seine Mutter ihm zur Begrüßung auch nur die Hand gab? Weil seine Generation nicht gelernt hat, dass Männer sich umarmen können, ohne dass man gleich tuschelt. Weil er Gefühlsregungen in einen Tresor gesperrt und den Schlüssel weggeschmissen hat? Mein Mann braucht Nähe. Ich sollte meinen Mann anrufen und ihn daran erinnern, was ich ihm über meinen Vater erzählt hatte. Ich klammere mich an eine Trauerweide, die sich genauso weit wie ich über den See beugt. Ich krame mit der freien Hand in der Jackentasche nach meinem Handy. Es klingelt. Mein Mann bekommt seinen Streuselkuchen. Ich sehe sein glückliches Lächeln. Ich versuche ihn über das Handy zu erreichen. Es klingelt nochmal. Er drückt mich weg. Stößt die Gabel in den Kuchen. Mein Vater leert sein Kännchen Kaffee. Ich stehe hier an diesem matschigen Seeufer und drehe gleich durch. Wenn der Hund nicht bei DREI wieder bei Fuß steht.

»Snoopy!« Ich versuche mein Glück, seinen Namen in seinen Schlappohren zu platzieren. Er schwimmt jetzt schon nicht mehr so schnell. Ich rufe erneut an. Es klingelt. Endlich. Endlich geht er dran.

»Schatz. Wie läuft es?«

»Gut. Wann kommst du?«

»Bald. Du weißt ja, nicht anfassen! Das hatten wir besprochen.«

»Schon klar.«

»Worüber redet ihr?«

»Über dich.«

»Aha ... und was noch?«

»Geschäfte.«

»Ich dachte, du sprichst über unsere Hochzeit.«

»Hat sich bisher noch nicht ergeben.«

»Welche Geschäfte? Hast du Ahnung von Duschkabinen?«

»Wir reden darüber, was dein Opa nach dem Krieg so in seinem Handkarren verkauft hat. Ob dein Vater denkt, dass da auch Eigentum jüdischer Familien dabei war. Solche Sachen eben.« Ich versuche nicht zu schreien und nicht in den See zu rutschen.

»Wie bitte? Unverfängliche Themen hatten wir doch besprochen, Schatz.«

»Waren Ihre Eltern Nazis, Herr Schäfer? Habe ich ihn ja noch nicht gefragt.«

Pause. Stille. Ich denke, ich sterbe. Warum macht er so was?

Mein Mann sagt schmunzelnd: »Ich habe ihn ja noch nicht gefragt. Beruhige dich. Aber wenn wir schon darüber sprechen, warum sollte ich ihn das eigentlich nicht fragen?«

»Hört mein Vater eigentlich mit?«, frage ich.

»Nein. Er ist gerade raus zum Auto und will ein Foto von dir holen. Als du vierzehn warst.« Er kichert. Mit vierzehn sah ich schlimm aus. Da habe ich mir die Haare oft selbst schief abgeschnitten.

»Ich komme, so schnell ich kann. Snoopy! Snoopy. Aus! Lass die Ente los. Sofort. Snoopy.« Ich lege auf. Die Sache läuft nicht gut. Und schon gar nicht wie geplant. Der Hund schüttelt sich direkt neben mir. Ich habe ihn nicht bemerkt. Er muss irgendwo an das Ufer geklettert sein und mich nun hier im Schilf entdeckt haben. Ich bin froh, ihn zu sehen. Reibe mir den Matsch an einem Stein vom Schuh. Leine ihn an. Er hechelt. Genug Aufregung für heute. Er riecht nach Seewasser und trottet ruhig neben mir her zum Auto.

Zurück im Café knete ich meine Hände im Schoß. Fahre mir immer wieder durch die kurzen Haare. Die Buchstaben springen irgendwie verklemmt über meine Lippen. Es fehlt mir an Leichtigkeit. Minutenlang sprechen sie über Autos, Urlaube und Duschkabinen. Sicheres Gebiet. Minenfrei. Ich denke, ich drehe gleich durch. Kein Wort über unsere Liebe, unsere Familien und unsere Zukunft. Mein Mann verlässt für einige Minuten den Tisch, um zu telefonieren.

»Und?«, frage ich Papa. »Wie findest du ihn?«

»Naja.«

»Naja?«

»Er ist eben, wie er ist.«

In mir schreit alles. Das Herz will mir aus dem Pulli springen. Ich halte das nicht aus. Diesen Kühlschrank.

Ich verlasse den Tisch. Ich suche meinen Mann und finde ihn auf dem Rand eines riesigen Blumentopfes sitzend. Er raucht eine Zigarette.

»Und?«, frage ich meinen Mann. »Schwierig. Alles sehr schwierig.«

Wir gehen zurück ins Café. Mein Vater sitzt am Tisch und pickt mit der Gabel die letzten Krümel seines Apfelkuchens vom Teller. Ob er mir immer die Wahrheit gesagt hat, frage ich mich. Über die Welt, wie er sie sah? War er so engstirnig, ängstlich und ritualisiert, wie ich es dachte? Er bewegte sich nur schildkrötenhaft von einem alten Standpunkt zu einem neuen. Wie oft habe ich ihm das vorgeworfen. Wie viele Diskussionen hat es in den Jahren zwischen uns gegeben. Wie oft haben wir aber auch gemeinsam lachen können.

Nachdem ich verheiratet war, fragte er mich am 24. Dezember eines jeden Jahres: »Dir fehlt doch Weihnachten, oder?« Unsere jüdischen Feiertage hat er einfach ignoriert. Nie ein Anruf. Mein Vater war einige Jahre Mitglied der christlich-jüdischen Gesellschaft. Wozu?

20 BEFREIUNG

Wie ein Schatten fuhr eine Hand sanft über ihren Kopf. Es schneite. Eva lag im ersten Stock des Etagenbettes auf nackten Holzbrettern. Sie bemerkte, dass niemand mehr schrie und Befehle erteilte. Keiner sprach mehr Deutsch. Juden, die noch auf ihren Beinen stehen konnten, mussten mit den letzten KZ-Aufsehern am Todesmarsch teilnehmen. Seit Tagen dämmerte sie dahin. In der Baracke war es still. Leise fiel der Schnee über diesen Alptraum. Eva lag zwischen Halbtoten, die leise stöhnten. Schmerzerfülltes Röcheln aus den geschundenen Körpern. Verzweifelte Rufe nach den Müttern. Als der russische Soldat die Baracke betrat, dämmerte es. Er beugte sich mit seinem Ohr ganz nah an Evas Mund. Spürte Evas Atem. Leben. Evas Leben. Er schob die Leichen, die ihren Kinderkörper bedeckten, beiseite. Ganz zart befeuchtete er mit einem Schneeball ihre aufgeplatzten Lippen. Er hob sie hoch. Das Winterlicht bohrte sich unerträglich grell und schmerzhaft in Evas Augen. Sie wog kaum mehr als eine Handvoll Vögelchen. Seine Fellmütze rutschte ihm in die Stirn. Darauf leuchtete der rote Stern. Eva versuchte zu lächeln. Ihr erstes Lächeln seit dem zweiten November, dem Tag, als sich das Tor von Auschwitz-Birkenau hinter ihr schloss.

An diesem Tag besiegte Eva Adolf Hitler. Seinen Judenhass. Seinen verbrecherischen Vernichtungswahn. Der 27. Januar 1945 wurde zu Evas zweitem Geburtstag. Sie wurde in eine beheizte Baracke getragen. Russische Soldaten registrierten ihren vollen Namen und ihren Geburtsort. Sie war keine Nummer mehr. Ärzte untersuchten das ausgehungerte Kind. Wogen es und nahmen ihm Blut ab. Das Erste, was sie zu essen bekam, war Brei. Dazu eine Karaffe mit Wasser. Sie sagten ihr: »Iss langsam. Trinke nicht zu hastig. Du hast es verlernt, das Essen und Trinken. Dein Magen muss sich erst wieder daran gewöhnen. Wer zu schnell und zu viel isst, stirbt.«

Am 9. September 1945 wurde Eva ein Zugticket in die Hand gedrückt. Sie fuhr mit dem Zug ins Leben. Der Zug ratterte über die Gleise. Diesmal saß sie nicht in einem Viehwaggon. Auf ihrem Schoß thronte ein Karton. Eva drückte das Paket mit den Kleidern, der Schokolade und Unterwäsche fest an sich. Sie hatte Angst es abzulegen. Ließ es nicht eine Sekunde aus den Augen. Über den Paketrand hinweg sah sie hinaus in die vorbeifliegenden sommersatten Landschaften. Sie hörte ihr Blut vor Aufregung in den Gehörgängen rauschen. Eva platzte fast vor Freude. In wenigen

Stunden würde der Zug am Budapester Bahnhof zum Stehen kommen. Eva malte sich aus, dass die anderen Überlebenden sie umarmen würden.

Am 10. September 1945 stieg Eva aus dem Zug aus. Zögerlich setzte sie einen Fuß vor den anderen. Blickte sich suchend um. Eine lange Reihe von Menschen ging stumm den Bahnsteig entlang. Die zerdrückten Pakete in ihren Händen. Die Budapester, an denen sie vorbeigingen, senkten ihre Blicke. Aus Scham? Aus schlechtem Gewissen? Sie wendeten sich ab. Taten so, als ob sie nichts sahen. Wieder einmal. Das Mädchen setzte sich in einen alten Bus. Vielleicht fährt mich dieser Bus nach Pesterzsebeter, dachte Eva. In unseren Vorort von Budapest. Endlich nach Hause. Als sie ihn verließ, herrschten dort keine Gesetze mehr. Nur noch Gewalt. Juden wurden deportiert. Die Pesterzsebeter waren schnell im Denunzieren. Melden und Registrieren. Als hätten sie nur darauf gewartet. Juden kamen auf einen Sammelplatz, wurden von dort ins Ghetto deportiert, erinnerte sich Eva. Nach dem Krieg wurde der Vorort als 20. Bezirk der Großstadt Budapest eingemeindet.

Eva rückte das Paket auf ihrem Schoß zurecht. Leise formten ihre Lippen das Gebet, das ihre Mutter ihr beim Einschlafen jeden Abend vorgebetet hat:

Mein Gott. Guter Gott. Bald schon fallen meine Augen zu. Aber deine bleiben offen. Solange ich schlafe, passe *gut auf mich auf. Mein lieber Gott. Mein guter Gott. Wa-*

che über mich. Passe auch auf meine Mutter, meinen Va-
ter und meinen Bruder auf. Mein lieber Gott. Mein guter
Gott.

Sie wusste nicht, warum ihr gerade jetzt dieses Abendgebet einfiel. Damals in den glücklichen Kindertagen war Gott noch präsent. Evas Glauben an Gott bröckelte. War Gott noch da?

Mama würde die Strümpfe lieben. Im Karton war sogar ein Paar aus wertvollem Nylon. Papa bestimmt die Schokolade. Vor der Deportation aß er seine Schokoladenstückchen so langsam, dass sie in seinem Mund zerschmolzen. Hoffnung durchströmte Eva. Sie war so jung. Die ganze Jugendzeit ein einziges Versprechen. Von dem, was kommen wird. Alles ist möglich. Auschwitz hat Eva dieses unschuldige Zeitfenster zertrümmert. Auschwitz hat ihr Zukunftsfenster mit Pflastersteinen zerstört. In einer winzigen Herzensecke hoffte sie auf das Unmögliche. Warum nicht, dachte sie trotzig, als sie durch das zertrümmerte Budapest fuhr. Warum sollen die Drei nicht überlebt haben? Der Bus hielt vor der jüdischen Gemeinde. Essen und Getränke wurden verteilt. Ein Mitarbeiter des Roten Kreuzes kam herein. Er teilte Eva und allen anderen Überlebenden mit, dass nebenan Angehörige sie erwarteten. Um sie in Empfang zu nehmen. Eva ließ die Tür nicht aus ihren Augen. Ihre Namen wurden ein allerletztes Mal aufgerufen. Erneut in einer Liste eingetragen. Ihr Herz drohte, ihr die Luft abzuschnüren. Sie reckte den Hals.

Die Tür ging auf. Durch den Türspalt sah Eva ihren Onkel Imre. Sie sprang auf. Nichts hielt sie mehr auf dem Stuhl. Sie stürmte ihrem Onkel entgegen. Beide fielen sich um den Hals. Weinten. Weinten sich die Freude auf die Schultern. Fuhren sich über die Köpfe. Lehnten sich zurück, schauten sich an, lachten und weinten zugleich. Der Onkel umarmte sie. Sie blickte über die Schulter des Onkels zum Haupteingang. Wo waren ihre Eltern? Gleich müssten sie doch kommen. Jetzt nur keine schlechte Nachricht erhalten, dachte das Mädchen. Lieber nicht fragen, schoss es ihr durch den Kopf. Lieber nicht die Wahrheit wissen müssen. Sie nahm den Karton und verließ den Raum gemeinsam mit Onkel Imre. Dieser bestellte ein Taxi. Zuhause würden die Eltern und Tamas sie bestimmt erwarten. Ihre drei Herzensmenschen. Eva hielt sich an ihrem Paket fest, als wäre es ihr Leben. Quetschte sich damit auf die Rückbank des Wagens.

Der Wagen hielt vor der Hausnummer 47. »Oben wartet eine Überraschung auf dich«, sagte der Onkel, als er den Fahrer bezahlte. Das Mädchen riss die Autotür auf. Sie stürmte die Treppe hoch. Lief in den ersten Stock. Klopfte stürmisch an die Tür, fieberte darauf, die Eltern in die Arme zu schließen. Die Tante öffnete. Umarmte Eva. Diese schob sich hastig an ihr vorbei. Lief suchend durch die ganze Wohnung. Suchte Vertrautes. Eva wollte Zuhause spüren. Die Zimmer waren ihr von den Besuchen aus Kindertagen vertraut.

Auf einem Stuhl saß Tante Etel. Die Schwester ihres Vaters. Ohne Evas Cousinen Zsuzsi und Vera.

»Wo sind deine Kinder, Tante Etel?«, fragte Eva. Sie schauten sich an. Die Tante hielt ihrem fragenden Blick stand. »Jetzt bist du mein Kind, Eva.« Etel fuhr ihr über das dunkle Haar. Ihre Töchter und ihr Mann hatten das KZ Ravensbrück nicht überlebt. Etel war erst in Auschwitz und danach auch noch nach Ravensbrück deportiert worden. Onkel Imre kam die Treppe hoch. Er sah Evas Traurigkeit. Ihren suchenden Blick. Ihren gehetzten Ausdruck und ihre tiefe Angst. Er versuchte sie zu trösten: » Alles wird gut. Wir haben Zeit, Kind. Wir warten. Du und ich, wir fahren in eure Wohnung, schauen, was wir dort wiederfinden. Bis deine Eltern zurückkommen, passen wir auf dich auf. Wir sind deine Familie. Ab morgen gehst du wieder in die Schule.« An diesem Abend gab es bei Tante Olga Suppe. Wie früher. Die Namen der Toten, die mit am Tisch saßen, wurden nicht genannt. Erschöpft schlief Eva im Arm von Tante Etel ein.

Bevor sie am nächsten Tag in die Schule ging, bedeckte sie sorgfältig ihre Nummer am Unterarm. Sie war panisch vor Angst. Vor dem normalen Leben, vor der Sorglosigkeit der anderen Kinder. Der Direktorin wurde erzählt, dass Eva auf einer längeren Reise war. Die Direktorin fragte nicht nach. Eva saß auf der Schulbank, als wäre nichts gewesen. Ein Schulmädchen. Kein Appellmädchen mehr. Den Tod nicht mehr im Rücken. Wieder einen Schulranzen auf den Schultern. Keiner sprach mit ihr. Niemand lud sie zum Spielen ein. Stumm blieben die Erlebnisse ihrer Reise. Niemand wollte darüber sprechen. Niemand wollte davon hören. Als hätte es kein Vorher und kein Nachher gegeben. Als könnte man das Morden totschweigen. Wie eine Wand setzte sich das Nichtfragen in den Köpfen fest. Auf dem Stundenplan standen Algebra und Grammatik. Eva war das Kind, das Spielen verlernt hatte. Früher war sie schüchtern, jetzt ängstlich.

Auf dem Nachhauseweg freute sie sich auf ihren Onkel und ihre Tante. Aber sie konnten ihre Eltern nicht ersetzen. Imre und Olga waren kinderlos. Erfahrungslos. Eva hatte Angst, dass sie Fehler im Haushalt machte. Die Tante wusste es nicht besser, wenn sie Eva sagte, sie solle den ganzen Teller leeressen. Sie solle den Teller sofort abwaschen. Jeder von ihnen hing in seinem Erinnerungskarussell. Von den Toten sprach man nicht. Tabu.

Am Wochenende fuhr das Mädchen mit ihrem Onkel an ihren Wohnort. Zurück in ihr altes, vernichtetes Leben. Was existierte noch? War alles zerstört? Gab es noch Erinnerungs-Räume? Ihr Onkel fuhr langsam in den Vorort hinein. Vorsichtig öffnete Eva die Autotür. Sie blickte sich um. Setzte einen Fuß vor den anderen. Zeitreiseschritte. Eva überquerte die Straße. Ihr alter Spielplatz schien auf der gegenüberliegenden Seite auf Eva zu warten. Langsam ging sie mit Onkel Imre den alten Weg zum kleinen Zigarettenladen ab. Die Straße hinunter. Schritt für Schritt pochten die Erinnerungsbilder Eva an. Zwei Familienruinen gingen die Straße entlang. Zwei Überlebende. Alt und jung. Hand in Hand. Zwei Verwundete, die nicht über ihre Wunden sprechen konnten. Sie schauten sich um.

Evas altes Zuhause. Poststraße 3. Sie blieben vor dem Haus stehen. Der Onkel ging die Treppe hoch und klingelte. Im Hauseingang lagen überall Schuhe herum. Es roch nach Essen, und Babygeschrei drang durch die Fenster. Sie warteten. Der Garten sah müde aus. Der Aprikosenbaum trug kaum Blätter. Er faulte an einem der drei großen Äste. Die Türen des Hasenstalls hingen aus den Scharnieren. Eva zog es in den Garten. Langsam ging sie auf ihren Baum zu. Sanft fuhren ihre Fingerspitzen über die Rinde. Sie lehnte ihren Kopf an den Stamm. Ihre Tränen tropften auf den verwilderten Boden. Dieser Ort, der sie eigentlich trösten sollte, wurde zu einem unerträglichen Schmerz. Nichts war mehr da. Eine junge Frau, mit einem Kind auf dem Arm, schreckte sie aus ihren Gedanken auf: »Suchst du jemanden?« Eva wich zurück. »Nein.«

»Was machst du hier?«

»Ich will nur einen Augenblick im Garten bleiben. Mehr nicht.« Eva setzte sich unter ihren Baum. Schaute in die Wolken. Der Onkel rief: »Eva.« Zögerlich stand sie auf, ging den Gartenweg zum Hauseingang, wo ihr

Onkel wartete. Die ehemalige Nachbarin öffnete die Tür. Türspaltbreit. Sie wischte sich die Hände an der schmutzigen Schürze ab. Sie steckte ihren Kopf durch den schmalen Spalt. Obwohl sie lange Jahre das Haus und gute Nachbarschaft geteilt hatten, bat sie Onkel Imre und Eva nicht hinein. Als sie ihnen in die Augen blickte, atmete sie schwer. Eva erkannte die Sessel, die ihre Mutter sich so sehr gewünscht hatte und für die ihr Vater so schwer gearbeitet hatte. Der Sessel, in dem ihre Mutter so gerne gesessen und ihr vorgesungen hatte. Die Nachbarin wusste, warum sie die beiden nicht hineinbat. Gestohlenes Zuhause. Jetzt saß sie in Sesseln, die ihr nicht gehörten. Während sie vor dieser Frau stand, erinnerte sich Eva an den Duft der Blumen, die auf dem Esstisch standen. Den Geruch des Mohnzopfes. Das sehnsüchtige Erwarten des Shabbat-Abends. Wenn die Familie mit Freunden am Esstisch saß und die Mutter die Kerzen anzündete. Der gemeinsame Spaziergang am Samstagnachmittag. Sie schloss die Augen. Hörte nicht zu, was die Nachbarin zu ihrer Entschuldigung stammelte. Heuchlerworte. Lügenworte. Es gab keine Worte für Evas Schmerzgewitter. Der Onkel zupfte sie am Ärmel. Gab ihr ein Zeichen zu gehen.

Sie stiegen in den Wagen und fuhren auch noch zum zerstörten Geschäft von Evas Vater. Plötzlich hielt der Onkel den Wagen an. Er schaute stumm aus dem Fenster. Eva erschrak, als sie sah, dass er weinte.

Eva war erschrocken darüber, dass er seinen Schmerz zeigte. Sie dachte, Erwachsene könnten sich beherrschen. Als der Onkel Evas verstörtes Gesicht sah, nahm er sie in seine Arme. Onkel Imre war Evas Anker. Während er sie in den Armen hielt, wurde ihr schmerzhaft bewusst, die Familie Diamant gab es nicht mehr. Der Onkel startete den Wagen. Sie fuhren weiter. Bogen in die Straße ein, in der Eva so viele Nachmittage im Laden des Vaters verbracht hatte. Krimskrams wurde darin jetzt verkauft. Billige Kerzenständer, Schirme. Ein Ramschladen, der nichts mehr von der Eleganz des Herrenausstatters ihres Vaters hatte: »Eva, es wird nicht besser, wenn wir hier stehenbleiben und uns quälen.«

21 ERDBEERMARMELADENBROT

Die Sonne glitzert auf der Rutsche. Sandige Kinderhände ziehen sich die Stufen hoch. Ab und zu ein ängstlicher Blick zu ihren Müttern. Stufe um Stufe steigen sie höher und höher. Bleiben kurz stehen. Glauben nicht, wie weit sie es geschafft haben. Ein letzter Schritt, ein umständliches Hinsetzen. Mit lautem Kreischen und einem breiten Grinsen landen die Jungs und Mädchen im weichen Sand. Einige in den ausgebreiteten Väterarmen, die sie lachend durch die Luft schleudern. Die älteren Kinder rutschen auf dem Bauch, drücken sich flach in die Rinne, um ihr Tempo zu beschleunigen. Mein kleiner Sohn wirft Blätter auf die Rutschbahn, wenn der Größere runterkommt. Kinderlachen. Es ist Sonntagnachmittag, ich sitze auf dem Spielplatz. Freie Zeit, die wir gemeinsam verbummeln. Wir spielen Fußball auf der Wiese nebenan. Immer wieder landet der Ball bei mir in der linken oberen Ecke. Ich erobere mir das Tor. Werde von den herandribbelnden Kinderbeinen an der Torlinie überrannt. Es bleibt mir nur der Blick zurück und der Griff ins Netz, um den Ball daraus zu enttakeln. Die Sonne scheint. Dieser Tag sollte nie enden.

Ich lese, bewege mich kaum, hebe ab und zu den Kopf und schaue, wie die Sandburg der Jungs nach dem Fußballmatch wächst. Immer neuer Sand landet auf der Burg. Sie graben, schaufeln und buddeln sich durch die Gräben. Wir picknicken in der warmen Sonne auf einer wackeligen Bank. Eines der zwei dicken Sitzbretter ist lose, und die rostigen Schrauben auf der Bodenplatte halten nur noch an der einen Seite. Wenn einer von uns sich ohne Vorwarnung erhebt, rutschen alle anderen zur Seite. Plötzlich baumelt vor meiner Nase eine geblümte Stofftasche und ich werde von hinten umarmt. Ich greife nach dem ersten Schreck die Hände, ertaste den blau-grünen runden Ring und rufe: »Eva! Was machst du denn hier auf dem Kinderspielplatz?« Sie deutet auf ihre zwei jüngeren Enkelkinder, die zu Besuch aus Belgien sind. Aus der Stofftasche kommen Getränke, Äpfel, Aprikosen und eine Brotbox zum Vorschein. Die Kinder graben sich jetzt zu viert maulwurfsartig durch die große Sandkiste im Frankfurter Holzhausenpark. Wir reden, lesen uns gegenseitig Meldungen aus den Zeitungen vor. Ab und zu pulen wir Sand aus den Augenwinkeln der quengelnden Kleinen, befreien die quietschgrünen Schaufeln aus fremden Kinderhänden und heben die Jüngsten mit aller Kraft an der Rutsche hoch, damit auch sie hinabsausen können. Die ersten Mütter ziehen ihre weinenden, vom Toben übermüdeten Kinder nach Hause, Richtung Badewanne.

Der Park schimmert im warmen Licht des späten Nachmittags. Liebespaare liegen auf bunten Wolldecken und erkunden langsam mit ihren Fingerspitzen das Gesicht des Anderen. Das schützende Blätterdach über ihnen. Das Spiel der Kinder wird sanfter. Sie reden leiser miteinander. Wir löschen unseren Durst aus den mitgebrachten Wasserflaschen. Ich kaufe Eis, und Eva öffnet ihre Box mit den mitgebrachten Broten. Die Erdbeermarmelade klebt an der Innenseite der gelben Kiste. Ihr Enkel nimmt die Box und leckt genüsslich und langsam das fruchtige, süße Marmeladenrot heraus. Seine Zunge arbeitet flink. Katzenhaft leckt er die Brotbox glänzend sauber und versucht die klebrigen Reste in den rotgefärbten Mundwinkeln nicht zu verschenken. Eine Stunde später verabschieden wir uns. Eva nimmt ihren Stoffbeutel über die Schulter, die Enkel an die Hände. Sie lächelt.

Hans Maria Globke war bis 1945 Ministerialrat im Reichsinnenministerium und hat Adolf Hitlers Nürnberger Rassengesetze kommentiert und mitentwickelt. Mit der ersten Regierung der Bundesrepublik Deutschland wurde er unter Kanzler Adenauer Staatssekretär. Vierzehn Jahre blieb er im Amt.
Wehret den Anfängen

9. November 1969, Jahrestag der Novemberpogrome. Jüdisches Gemeindehaus Berlin. Die linksradikale Gruppe Tupamaros West-Berlin deponierte während einer Gedenkveranstaltung eine Bombe im jüdischen Gemeindehaus. Wegen des defekten Zeitzünders scheiterte der Anschlag.
Wehret den Anfängen

Am 13. Februar 1970 wurde im Treppenhaus des Gemeindezentrums in München, in dessen oberen Stockwerk ein Altenheim eingerichtet war, Benzin verschüttet und angezündet. Bei dem Anschlag starben

sieben Überlebende des Holocaust. Die Täter wurden nie ermittelt.
Wehret den Anfängen

5. September. Olympische Spiele München, 1972. Attentat auf israelische Sportler. Mitglieder der palästinensischen Organisation Schwarzer September stürmten das Wohnquartier der israelischen Mannschaft und nahmen elf Mitglieder als Geiseln. Zwei Israelis starben in den ersten Stunden der Geiselnahme. Der Befreiungsversuch auf dem Flugplatz Fürstenfeldbruck scheiterte. Noch am Abend desselben Tages kamen alle verbliebenen neun Geiseln, ein Polizist und fünf der Terroristen, insgesamt 17 Menschen, ums Leben.
Wehret den Anfängen

Im August 1975 Paketbombenanschlag auf den Vorsitzenden des Zentralrates der Juden in Deutschland, Heinz Galinski.
Wehret den Anfängen

Mitte der 70er-Jahre trat die von Karl-Heinz Hoffmann in Nürnberg gegründete Wehrsportgruppe Hoffmann in Deutschland erstmals in Erscheinung. Eine neonazistische, rechtsextreme, terroristische straff organisierte Vereinigung, die sich über Spenden organisierte. Vermutlich haben ihre rechtsextremen

Mitglieder den Mord am Verleger Shlomo Lewin und

dessen Freundin Frida Poeschke zu verantworten. Beide wurden am 19. Dezember 1980 in ihrem Erlangener Wohnhaus erschossen.

Wehret den Anfängen

1986 explodiert eine Autobombe vor dem neu gebauten Frankfurter Gemeindehaus. Nur das Panzerglas in den Scheiben verhindert ein Blutbad. Der Täter wird nie gefasst.

Wehret den Anfängen

Im August 1992 wurde das Berliner Deportationsmahnmal Putlitzbrücke bei einem Anschlag schwer beschädigt und musste demontiert werden. Die Täter aus dem rechtsextremistischen Umfeld gaben als Motiv für ihre Tat die Ausschreitungen in Rostock-Lichtenhagen und ihren Hass auf Ausländer und Juden an.

Wehret den Anfängen

1994 Brandanschlag auf die Lübecker Synagoge
1995 zweiter Brandanschlag auf die Lübecker Synagoge
2000 Brandanschlag auf die Erfurter Neue Synagoge
2000 Brandanschlag auf die Essener Alte Synagoge
2002 Brandanschlag auf die Berliner Synagoge Fraenkelufer
2010 Brandanschlag auf die Mainzer Neue Synagoge
2010 Brandanschlag auf die Wormser Synagoge

Wehret den Anfängen

4. September 2002. Brandanschlag auf die Ge-
denkstätte zum Todesmarsch im Belower Wald von
KZ-Häftlingen. Der Ausstellungsraum des Gebäudes
brannte fast aus, auf eine Erinnerungsstele wurden
antisemitische Parolen gesprüht. Die Täter blieben
unbekannt.
Wehret den Anfängen

München 2003. Die Kameradschaft Süd, eine Vereinigung von Neonazis, plant einen Anschlag bei den
Feierlichkeiten zur Grundsteinlegung des neuen jüdischen Zentrums.
25. Februar 2007 im Frühling wurde auf den Berliner
Chabad Kindergarten eine Rauchbombe geworfen, die
nicht zündete, und die Tagesstätte wurde mit antise-
mitischen Parolen beschmiert.
Wehret den Anfängen

Am 19. Juli 2009 wurde in Gummersbach ein Schüler
misshandelt. Er war jüdischer Herkunft.
Wehret den Anfängen

Im August 2011 verprügelte in Stuttgart eine Gruppe
von zehn Kindern und Jugendlichen unter antisemi-
tischen Beschimpfungen einen fünfzehnjährigen jüdischen Jugendlichen und verletzte ihn dabei schwer.
Wehret den Anfängen

2011 flog die rechtsterroristische Organisation NSU auf. Sehr spät. Auch deshalb, weil Polizei und Verfassungsschutz die Anschläge und Morde in alle Richtungen ermittelt hatten, nur nicht in die der rechten Szene. Im NSU Untersuchungsausschuss wurde deutlich, wie viele »Braune« in staatlichen Institutionen verdeckt ihr Unwesen treiben. Es war der vielleicht größte Skandal im Zusammenhang mit den Ermittlungen zur Terrorzelle NSU: Bei allen Anschlägen und Morden, die mit großer Wahrscheinlichkeit der Gruppe zugeordnet werden können, ermittelte die Polizei vermutlich nicht intensiv genug in Richtung eines rechtsextremistischen Hintergrundes.

Wehret den Anfängen

2012. Misshandlungen, Prügel und einen Jochbeinbruch erlitt der Berliner Rabbiner Daniel Alter, als ihn Jugendliche als Juden identifizierten.

Wehret den Anfängen

2013. Ein Besucher einer Berliner Diskothek wurde geschlagen, weil er sich als Jude zu erkennen gab.

Wehret den Anfängen

In einem Offenbacher Einkaufszentrum wurde der Rabbiner Mendel Gurewitz von mehreren Jugendlichen geschubst und beleidigt. Das Sicherheitspersonal griff nicht ein, es schützte die Jugendlichen sogar, indem sie den Rabbiner zwangen, die Beweisfotos von den

Tätern zu löschen. Er konnte sich in den Wagen eines Bekannten retten.

Wehret den Anfängen

Januar 2017, Zossen. Im Haus der Demokratie gab es eine Ausstellung über jüdisches Leben in Zossen, das Haus wird von der Bürgerinitiative *Zossen zeigt Gesicht* betrieben. Das Gebäude brannte vollständig aus, für die Tat wurde der Anführer der Zossener Neonaziszene verantwortlich gemacht.

Wehret den Anfängen

»Wir müssen die Grenzen dichtmachen und dann die grausamen Bilder aushalten. Wir können uns nicht von Kinderaugen erpressen lassen.« Sagt AfD Partei-Vize Alexander Gauland zur Flüchtlingspolitik. (Quelle: DIE ZEIT)

Wehret den Anfängen

»Die Leute finden ihn als Fußballspieler gut. Aber sie wollen einen Boateng nicht als Nachbarn haben.« Sagt Alexander Gauland, AfD Partei-Vize, über Nationalspieler Jérôme Boateng. (Quelle: Frankfurter Allgemeine Sonntagszeitung)

Wehret den Anfängen

Im August 2014 warfen in Frankfurt Unbekannte in der Nacht eine volle Bierflasche in das Badezimmer-

fenster der bekannten Frankfurter Jüdin Elishewa Patterson und riefen lautstark »Judenschwein«. Sie hatte sich in der Vergangenheit immer wieder öffentlich gegen Antisemitismus geäußert.
Wehret den Anfängen

»Ich will, dass Deutschland nicht nur eine tausendjährige Vergangenheit hat. Ich will, dass Deutschland auch eine tausendjährige Zukunft hat«. Sagt Björn Höcke, AfD (Quelle: Kundgebung in Magdeburg, Oktober 2015)
Wehret den Anfängen

»Quotenneger« nennt Dubravko Mandic, Vorsitzender des baden-württembergischen AfD-Schiedsgerichts den US-Präsidenten Barack Obama. (Quelle: Internetforum der Jungen Alternative, Nachwuchsorganisation der AfD)
Wehret den Anfängen

»Andere Parteien wollen Zuwanderung nur, damit die Deutschen in einem großen europäischen Brei aufgehen.« Sagt Armin Paul Hampel, AfD-Chef Niedersachsen. (Quelle: Europaparteitag der AfD, 22. März 2014)
Wehret den Anfängen

»Im 21. Jahrhundert trifft der lebensbejahende afrikanische Ausbreitungstyp auf den selbstverneinenden europäischen Platzhaltertyp.« Sagt Björn Höcke, AfD über Asylbewerber aus Afrika. (Quelle: Vortrag Höckes über Asylbewerber aus Afrika am 21. November 2015)

Wehret den Anfängen

»Eine deutsche oder eine englische Fußballnational-mannschaft sind schon lange nicht mehr deutsch oder englisch im klassischen Sinne.« Sagt Alexander Gauland, AfD. (Quelle: Spiegel)

Wehret den Anfängen

Der 26-jährige Israeli, Shahak Shapira, bat in der Berliner U-Bahn sieben junge Männer arabischer Herkunft, damit aufzuhören, antisemitische Parolen zu singen und wurde daraufhin von ihnen verprügelt. In dem vollbesetzten Waggon schritt niemand ein.

Wehret den Anfängen

18.000 Pegida-Anhänger wetterten in Dresden gegen »Lügenpresse« und »Volksverräter«. Immer wieder montags schreien sie sich wochenlang ihre Wut und ihren Hass aus ihren braunen Kehlen heraus.

Wehret den Anfängen

2016. Büdingen, Hessen, viel Fachwerk, wenig Arbeitslose. Warum die NPD ausgerechnet hier mehr als zehn Prozent im Ergebnis der Kommunalwahl hat? Der Bürgermeister hat niemanden gefunden, der die Partei gewählt hat. Wo sie wohl alle geblieben sind?

Wehret den Anfängen

Am Neujahrstag 2016 stieß in der Nürnberger U-Bahn-station Langwasser ein 49-Jähriger einen anderen Mann ins Gleisbett und hinderte ihn durch Tritte gegen Kopf und Finger daran, wieder zum Bahnsteig hinaufzusteigen. Durch Eingreifen des VAG-Personals konnte das Opfer gerettet werden. Der Täter erklärte bei seiner Festnahme: »Ich habe das gemacht, weil er ein Jude ist. Das nächste Mal mache ich es richtig« und »Ich hasse alle Juden.« (Quelle: dpa)

Wehret den Anfängen

2017. Ein rechtsradikaler Bundeswehroffizier hatte sich als Syrer ausgegeben, bei seiner Asyl-Anhörung einem Medienbericht zufolge aber Deutsch gesprochen.

Wehret den Anfängen.

Anfängen?

23 KRAKAU

Drei Sterne Hotel, ein Industriegebiet in Krakau. Die
Flure sind in schlammgrau lackiert, und aus den Boxen dringt Musik auf die Hotelflure. Das Reinigungs-
personal schiebt mit großen Servicewagen Berge von
Handtüchern durch die verglasten Schwingtüren. An
der Rezeption starrt eine junge Frau mit Augenrin-
gen bewegungslos auf den Computer. Ich sitze in der
Lobby des Hotels und warte auf meine Reisegruppe.
Seit einigen Minuten schreit ein Mann in sein Smart-
phone Richtung London. Irgendetwas scheint seine
Sekretärin nicht zu verstehen, er läuft aufgeregt vor
meinem Tisch auf und ab.

Der Reisebus fährt auf den Hotelparkplatz. Vierzig
Jugendliche kommen nach und nach heraus. Sie rücken ihre Kopfhörer gerade, ziehen sich Kapuzen über
die Stirn und gestikulieren in einer kleinen Gruppe
um ein I-Phone, das jemand soeben im Bus vergessen
hat. Sie sind heute Morgen in Polen mit dem Flieger
eingetroffen und haben sich in den Nachmittagsstun-
den Spuren jüdischen Lebens in Krakau angeschaut.

Ich bin erst gegen Mittag gelandet und stoße jetzt dazu. Eine Woche wird ihre Reise zu den Gedenkstätten, Konzentrations- und Arbeitslagern dauern, die die Nazis errichtet haben. Sie werden mit Überlebenden der Shoa sprechen und etwas über das heutige jüdische Leben in Polen erfahren. Es sind jüdische Abiturienten und Studenten aus ganz Deutschland. Ein Geschwisterpaar aus Braunschweig. Ein junger Akademiker aus Oldenburg. Schüler aus Berlin. Ein Großteil der Gruppe sind Frankfurter, die Abiturientenklasse einer jüdischen Schule. Viele ihrer Eltern kenne ich. Noch wissen wir nicht, was uns erwartet. Die Stimmung ist zurückhaltend aufmerksam. Für achtundvierzig Stunden werde ich sie begleiten. Wir nehmen alle gemeinsam am *March of the living* teil, die Anmeldung geht nur über eine Gruppe. Als Jugendliche gehe ich nicht mehr durch, aber als *Ersatzbetreuerin*. Morgen ist der 27. Tag vom Monat Nissan nach dem jüdischen Kalender, der 24. April 2017. Yom Hashoa ist der Holocaustgedenktag. In Israel heulen die Sirenen. Schmerzhafte Erinnerung an die sechs Millionen ermordeten Juden. Für zwei Minuten steht das Leben im ganzen Land still. Jüdische Gemeinden auf der ganzen Welt gedenken ebenfalls ihrer Toten, und in Auschwitz-Birkenau findet morgen die große Gedenkfeier statt.

Warum heulen in Deutschland eigentlich keine Sirenen? Wir werden dabei sein, wenn der Sohn des Publizisten und Schriftstellers Elie Wiesel, hochrangige Politiker, die Bildungsminister der EU-Länder Kerzen anzünden und Holocaustüberlebende sprechen. Wir werden klassische Musik hören, viele junge Juden aus aller Welt, Zeugen Jehovas, christlich-jüdische Organisatkionen, die gemeinsam trauern. Gemeinsam an das Leid der Deportationen erinnern. Vorher aber werden wir die kilometerlange Strecke vom Stammlager Auschwitz zu Fuß nach Auschwitz-Birkenau gehen. Der Marsch wird angeführt von Holocaustüberlebenden. Er wird unter dem Schild »Arbeit macht frei« beim Eingang des Konzentrationslagers Auschwitz beginnen. Er erinnert an die Todesmärsche der KZ-Häftlinge. Wir werden sichtbar sein, zeigen, dass es wieder jüdisches Leben gibt. Seit 1988 haben hunderttausende Menschen gegen Rassismus, gegen Antisemitismus ihr Gesicht gezeigt. Auch wir gehen morgen diesen Weg, um gegen die Leugnung des Holocaust und für Frieden und Freiheit zu demonstrieren.

Die Gruppe aus Deutschland betritt das Hotel. Koffer werden in die Lobby gestellt, Zimmer werden zugeteilt, und wir treffen uns in einer Viertelstunde zum Abendessen im spärlich erleuchteten Speisesaal wieder. Ich baue das koshere Essen auf dem Buffet mit den anderen Betreuern auf. Es wird extra angeliefert, zubereitet nach den jüdischen Speisegesetzen. Milchige und fleischige Speisen müssen dafür streng räumlich und zeitlich voneinander getrennt zubereitet und gegessen werden. Ist das Fleisch von Paarhufern und Wiederkäuern, wie Kühen, Schafen oder Ziegen, dann darf es zubereitet werden. Ich löse mit den anderen Betreuern die Alufolien und richte alles an. Wir essen Karottensalat, Hühnchenschenkel, Schnitzel, Pommes und Salat von Plastiktellern mit Plastikbesteck. Dieses Hotel trennt nicht milchiges Essen von fleischigem Essen. In der kosheren Küche muss es dafür aber unterschiedliche Kühlschränke, Arbeitsbretter, Töpfe, Besteck, Teller und Schalen geben. Aus diesem Grund nutzen wir das Plastikgeschirr. Am Ende wird alles in große Müllsäcke geworfen. Ich nehme mir einen Apfel und gehe eine Etage tiefer in den neonbeleuchteten Konferenzraum. Nach und nach trudeln alle Jungen und Mädchen ein. Einige aus der Gruppe kennen sich, andere sind noch etwas schüchtern. Sie setzen sich auf die Tische, die entlang der Wand stehen. Müdigkeit macht sich breit. Knie werden angezogen und jeder erzählt, warum er oder sie dabei ist. Es sind die Familienwurzeln. Familiengeschichten werden ausgetauscht. Einige der Schüler haben polnische, andere ungarische, rumänische, deutsche oder französische Wurzeln. Es ist der Wunsch vieler, den Ort zu sehen, von dem die Großmutter oder der Großvater erzählt haben. Sich vor Ort mit authentischen Bildern die Familiengeschichten zusammenzufügen. Und morgen zu zeigen, dass es in Deutschland wieder jüdisches Leben gibt.

Weiße T-Shirts werden verteilt. Ich schlüpfe in Größe M. Passt. Wir verabschieden uns, um schlafen zu gehen. Der Reisebus fährt morgen früh los. Ich gehe durch den langen Hotelflur zu meinem Zimmer. Auf dem Boden liegt ein Teppich, den schon Millionen Schritte anderer Schuhsohlen flach und fleckig getreten haben. Ich kann nicht einschlafen. Ich stelle mir immer wieder die Frage, wann Judenhass beginnt. Das blinkende Neonlicht des Teppichzentrums gegenüber des Hotels scheint durch den knappen Vorhang auf meine Bettdecke. Ich bin aufgeregt. Was wird mich morgen erwarten? Auschwitz ist der Ort, über den wir zuhause nie gesprochen haben. Der Ort, von dem keiner in Deutschland gewusst haben wollte. So erzählten sie. So wollten sie ihre Unschuld markieren und uns Kinder glauben lassen, dass, wenn sie es gewusst hätten, sie doch alles getan hätten, um diesen Ort des Tötens unmöglich zu machen. Legenden. Kollektive Legende.

Früh am Morgen füllt sich der Bus mit unseren müden Gesichtern. Thermoskannen mit heißem Kaffee werden gefüllt. Ich sitze am Fenster, lehne meinen Kopf gegen die Scheibe und versuche, Schlaf nachzuholen. Die Fahrt dauert sechzig Minuten. Einige schauen in den wolkenverhangenen Himmel. Einige texten in ihren Smartphones. Einfahrt Parkplatz Auschwitz. Wir sind früh. Noch sind nicht viele Busse vor Ort. Eine Gruppe Südamerikaner läuft lachend herum. Kartons werden aus dem Bauch des Busses geholt. Die Betreuer verteilen an alle Wasserflaschen, Regenjacken und blaue Rucksäcke. Auch Kerzen und ein kleines Holzbrett. Ich stecke das Teelicht ein und weiß noch nicht genau, wofür das kleine Brett sein soll. Wir stehen herum, der Parkplatz füllt sich. Eine lange Schlange vor den mobilen Klos. Busse kommen jetzt Stoßstange an Stoßstange auf der abgesperrten Parkfläche an. Spucken Schulklassen und Jugendgruppen aus. Diese rollen Fahnen aus ihren Heimatländern aus. Legen sich ihre Nationalfarben über die Rucksäcke und um die Schultern. Wir stehen neben einer Gruppe aus Uruguay, der Schweiz und den USA. Die amerikanischen Highschool-Schüler aus Los Angeles haben sich mit Edding L.A. in dicken Buchstaben auf ihre weißen Stirnbänder geschrieben. Sie tragen verspiegelte Brillen und sehen aus, als seien sie auf dem Weg zum Popfestival in Coachella. Ihr Lachen tut gut. Sie winken unbekümmert. Wir rollen keine Fahne aus. Es wiegt schwer, hier deutsch zu sein.

Bevor der Gedenkmarsch beginnt, besichtigen wir mit einer Führung das Stammlager Auschwitz. Vorbei an den elektrischen Stacheldrahtzäunen sammeln wir uns vor der ersten Baracke. Einige aus der Gruppe machen Selfies. Andere sind still. Wirken bedrückt. Wir gehen langsam. Betreten die ersten Baracken. Wir sehen die Stockbetten und das blanke Holz, auf dem Menschen gelegen haben. Strohsäcke auf dem kahlen

Fußboden. An den Wänden hängen Fotografien. Aufnahmen zeigen Männer und Frauen mit erloschenen Augen. Eingefallene Gesichter. Diese Augen hatten schon so viele Abschiede erlebt. Diese ausgemergelten Wangen und schmalen Hälse ragen aus den blau-grau gestreiften Leinenanzügen. Unter den Fotografien das Ankunftsdatum und das Todesdatum der Männer und Frauen. Kaum einer war länger als zwei Monate hier. Die meisten nicht einmal drei Wochen. Es waren Schreiner, Schornsteinfeger, Anwälte, Bauern, Ärzte, Karikaturisten und Kaufleute. Ich bleibe vor dem Foto einer Lehrerin stehen. Durch das Glas der Scheibe treffen meine Augen auf ihre. Blasse Haut und schmale, zusammengepresste Lippen. Was hat sie hier alles gesehen und erleben müssen? Wie war ihr Leben vor der Deportation? Nur schwer kann ich mich von dieser Fotografie lösen. Wir betreten eine Baracke und stehen vor einem riesigen Berg aus Haaren. Abgeschnittenen Zöpfen, einzelnen Locken, Haare. So viele. Tausenden Menschen wurden die Haare abrasiert. Ich denke an Eva und wie sie mir erzählt hat, dass sie sich auf einen Stuhl setzen musste. Viele Juden saßen in diesem Raum Stuhl neben Stuhl. Hier wurden direkt nach der Ankunft die Haare abgeschnitten. Eine Aufseherin brüllte Eva an, still zu sitzen. Sie schnitt ihr mit einer Schere die langen braunen Zöpfe ab. Ohne Vorwarnung. Die Schere arbeitete sich hastig um Evas Kopf herum. Ihr schönes dickes Haar, das ihre Mutter so oft gekämmt hatte, fiel auf den Boden. Eva griff nach einer Locke in ihrem Schoß. Strich sanft mit den Fingerspitzen darüber. Später flogen ihre Haare auf einen Berg zu den anderen Haaren. Die letzten kurzen Haare wurden Eva mit einer stumpfen Klinge vom Kopf geschabt. Das Messer schnitt ihr in die Kopfhaut. Sie schrie auf, als sie das Blut sah. Wurde erneut angebrüllt, endlich zu schweigen. Frierend und mit einem kahlen Kopf stand sie wenige Minuten später in der Ankleidekammer und bekam den gestreiften Anzug und grobe Holzschuhe als Kleidung verpasst.

Ein paar Meter weiter, tausende von Brillengestellen und Essensschalen. Prothesen, Krücken und Gehhilfen. Koffer mit Namen und den persönlichen Adressen stapeln sich in großen Haufen, als hätten ihre ehemaligen Besitzer sie eben erst aus der Hand gelegt. Absperrungen zeigen uns den genauen Weg, den wir gehen dürfen. Schuhe, Berge von Schuhen in allen Größen liegen meterlang, hinter hohen Scheiben vor uns. Ein roter hochhackiger Damenschuh steht alleine vor dem Berg brauner und schwarzer Schuhe. Er passt eher zu einem fröhlichen Fest. Er sieht aus wie ein Versprechen an die Zukunft – an diesem Ort des Todes. An den Vitrinen und Schaukästen mit Kinderkleidung, Rasseln, Stofftieren, Babystramplern und Babyschuhen ringe ich um Atem. Ich muss an meine Kinder denken. Vor fast achtzig Jahren wären vielleicht ihre Schuhe auf diesen Berg geworfen und sie anschließend ermordet worden. Und überall die Listen. Akribisch geführte Listen aller Brillenetuis, Kleider und des Kinderspielzeugs. Jede Brille wurde eingetragen. Jeder Teddybär notiert. Jede Fußprothese bekam ihren Platz, pedantisch und für alle Zeiten in einer Liste. Heute unwiderlegbare Beweise des Massenmordes. Nachvollziehbare Spuren, was hier alles geschehen ist. Viele dieser Gegenstände wurden nach Berlin verschickt. Verkauft und versilbert, um den Krieg des deutschen Reiches zu finanzieren. Tausende und abertausende Einträge. Hinter jedem Eintrag ein menschliches Schicksal.

Wir kommen vorbei an den vernagelten Fenstern der Mengele-Baracke. Dem Ort, an dem er seine medizinischen Versuche durchgeführt hat. Tests an Zwillingen, Operationen ohne Narkosen. Die Schreie müssen hier über den Hof geschallt sein. Müssen sich getroffen haben in ihrem Schmerz mit den Menschen, die Opfer der Erschießungen wurden. Massenhafte Erschießungen. Wir legen vor der halbrunden Wand mit den Einschusslöchern im Innenhof Blumen nieder. Der polnische Mann, der uns führt, erzählt von den Folterungen des galgenähnlich wirkenden Holzbalkens im Innenhof. Männer und Frauen, die hier an ihren Schultergelenken aufgehängt wurden, bis diese auskugelten, bis die Opfer verhungerten oder vor Schmerzen ins Koma fielen.

Wir steigen die Stufen hinab in die Baracke, in der Häftlinge tagelang alleine eingesperrt wurden.

Die Zellen mit den winzigen Gucklöchern, durch die wir einen Blick hineinwerfen, sind dunkel und feucht. Es gab Zellen, in die mussten Juden hineinkriechen. Darin konnten sie nur stehen. Eng war es. Bis zu vier Häftlinge wurden in diese winzigen Zellen eingepfercht. Über Tage und Nächte. Die meisten überlebten diese Qual nicht. Die Jugendlichen unserer Gruppe stehen eng beieinander, umarmen und stützen sich. Wir versuchen, diesen Ort zu verstehen. Er ist nicht zu verstehen. Dieser Hass, diese Gewalt ist übermächtig. Seine Willkür kaum auszuhalten. Einige der Schüler setzen sich in das Gras. Ich gehe um eine der verklinkerten Baracken herum. Löse mich kurz aus der Gruppe. Bin alleine. Spüre den leichten Wind im Gesicht. Auf der Rückseite des Gebäudes haben Juden versucht, Spuren zu hinterlassen. Sie haben ihre Namen und ihren Geburtsort hastig in die Ziegelsteine geritzt. Der hilflose Versuch, nicht mehr nur eine Nummer zu sein. Der Versuch, nicht vergessen zu werden. Ich lehne meinen Rücken an die Mauer und schaue in den Himmel über Auschwitz.

Warum fahren nicht alle Schulklassen an diesen Ort, um zu lernen, wohin Ausgrenzung, Erniedrigung und Entmenschlichung führen kann? Wir kommen zu den Verbrennungsöfen. Betreten das geduckte, niedrige Gebäude. Das abgerundete Dach ist mit Gras bewachsen. Ein Handy klingelt. Ein Schüler nestelt hastig in seinem Rucksack. Empörte Blicke von allen

Seiten. In den ersten größeren Raum wurden zu Hunderten Frauen, Männer, Alte und Kinder hineingepfercht. Die Duschköpfe sind noch an den Decken zu sehen. Die Kammer wurde verriegelt. Und erst, wenn kein Schrei mehr erklang, erst wenn das Gas sicher gewirkt hatte, wurde wieder geöffnet. Die Kratzspuren an den Wänden zeigen die verzweifelten Versuche der Eingesperrten zu entkommen. Finger, die sich in den Putz eingruben. Der Ruß hat die Wände neben den Verbrennungsöfen schwarz gefärbt. Auf schmalen Schienen führt eine Art Metallliege direkt in den Ofen. Vergasen und verbrennen. Das geschah hier. Das machten Menschen aus Deutschland. Jeden Tag.

Wir gehen langsam und schweigend zum Sammelpunkt für den Marsch der Lebenden. Nach und nach treffen wir unter dem Schild mit der deutschen Flagge ein. Ich trinke Wasser und muss an Eva denken.

Das erste Mal war Eva ein Kind, als sie nach Auschwitz deportiert wurde.

Das zweite Mal war Eva in Auschwitz 1995. Als freier Mensch. Anlass war die fünfzigjährige Befreiung von Auschwitz. Sie war auf Einladung der jüdischen Gemeinde Frankfurt mit ihren Töchtern hierhergekommen. Schüchtern, verletzlich und zurückhaltend, wie ein kleines Kind, erkundete sie den Schreckensort. 1995 hatte sie erste Nachforschungen über den Verbleib ihrer Familie angestellt. Ein erstes Antasten an die Wahrheit. Der internationale Suchdienst in Bad

Arolsen half ihr dabei. 1995 war das Jahr, in dem sie dort in Krakau begann, zum allerersten Mal mit anderen über ihre Flucht und Deportation zu sprechen. Fünfzig Jahre lang hatte sie geschwiegen.

Im Mai 2016 fährt Eva zum dritten Mal nach Auschwitz. Gemeinsam mit ihrer Tochter Anita und den Enkelkindern Leroy (16) und Celina (18) nimmt die Familie gemeinsam am Marsch der Lebenden teil. Mit ihnen findet Eva noch einmal die Kraft, diese schweren Kilometer abzugehen. Beide Enkel beschäftigen sich intensiv mit der Vergangenheit der Familie, wollten mit ihrer Oma nach Auschwitz reisen. Ihr hier ihre Fragen stellen. Sich von ihr alles erzählen lassen. Erinnerungen teilen und gemeinsam trauern. Mit dieser Familienreise in die Vergangenheit Eva zeigen, dass nicht alles zerstört ist. Dass sie nicht umsonst überlebt hat. Dass sie jetzt mit ihren Kindern, Schwiegersohn und Enkeln den Ort ihrer Vergangenheit betritt. Dieser dritte Besuch verändert das Leben von Eva. Müde setzt sie sich in Auschwitz auf eine Bank. Es ist das Gebäude, in dem es Videos und Fotos von Überlebenden mit ihren Familien gibt und zarte Kinderzeichnungen aus den Lagern die Wände säumen. In der Mitte des Raumes steht ein Gestell mit einer meterlangen Wand eng bedruckter Papierseiten. Familiennamen und Vornamen sind alphabetisch sortiert. Ähnlich wie früher in den Telefonbüchern. Eng beschrieben. Diese Seiten listen die Namen, Geburtsorte, Geburtsdaten der identifizierten und ermordeten Opfer auf.

Neugierig erhebt sich Evas Enkelin. Sie fährt mit ihren Fingern die Reihen der Buchstaben langsam ab. Sie stockt immer wieder. Blättert eine Seite um. Das zarte Mädchen droht fast, von den großen Papierblättern verschluckt zu werden. Eva saß also vor zwölf Monaten auf dieser Bank, auf der ich jetzt sitze. Damals war sie müde und ihre Beine schmerzten. Doch sie beobachtet aufmerksam ihre Enkelin. Beim Buchstaben »D« wird Celina langsamer. Plötzlich entdeckt sie den Namen Diamant. Den Geburtsnamen ihrer Großmutter.

»Omi«, ruft sie Eva über ihre Schulter zu. »Omi, hier steht der Name deiner Mutter.« Eva macht eine abwinkende Geste.

»Wann ist sie geboren?«, fragt das Enkelkind.

Eva winkt erneut ab. Sollte sie hier, im Mai 2016, die Wahrheit über den Verbleib ihrer Mutter und ihres Bruders finden? Sollte hier Schluss sein mit der Verdrängung? Sollte hier Schluss sein mit der Hoffnung, dass beide überlebt haben könnten? »Mein kleines Dummerle«, hatte Eva zu Tamas am Budapester Bahnhof gesagt, »nun hör schon auf zu weinen. Wir spielen doch bald wieder zusammen. Warum weinst du denn? Ich reise in die Slowakei, und da sehen wir uns bestimmt wieder.« Hätten Evas Enkel sie nicht so innigst gebeten, noch einmal gemeinsam mit der

Familie an diesen Ort zu reisen, Eva hätte Auschwitz nie wieder betreten.

»Oma. Hier steht Valeria Diamant, geborene Löwy. Das ist doch deine Mutter.« Eva erstarrt.

»Und da, guck doch mal hier, da steht auch der Name deines Bruders. Tamas. Komm, sieh doch selbst.« Celina ist aufgeregt und ihre Wangen sind rot.

Eva bleibt stur und antwortet: »Das glaube ich nicht.«

»Doch Oma, es stimmt.« Celina wird ungeduldiger. »Komm schon, guck doch. Wann ist deine Mutter geboren?«

»1908«, antwortet Eva ihrer Enkelin, die jetzt ungeduldig von einem Bein auf das andere tritt.

»Dann ist sie das«, ruft Celina. Die Enkelin sagt leise: »Komm Oma, wir schauen uns das gemeinsam an.« Wie in Zeitlupe erhebt sich Eva. Die wenigen Schritte von der Bank bis zu den Namenslisten kommen ihr vor wie eine Ewigkeit. Ihr Herz klopft bis zum Hals. Die großen mannshohen, eng bedruckten Seiten kommen näher. Eva wird schwindelig. Meterlang reiht sich Name an Name. Sie schaut genau hin. Celina stützt sie. Versucht, ihr Kraft zu geben. Umhüllt von Familienwärme steht sie vor der Wahrheit. Ihrer Wahrheit. Dort steht er. Der Name ihrer Mutter. Sie liest ihren Geburtsort, den Wohnort und das Geburtsdatum. Schwarz auf weiß. Gewissheit. Eva bricht in

Tränen aus. Ihre Augen sehen etwas, was ihr Gehirn nicht wahrnehmen will. Tamas Diamant, geboren in Budapest am 12. 3. 1936. Auch er ist tot. Notiert auf der millionenfachen Toten-Liste.

Eva wird endgültig bewusst, dass diese zwei geliebten Menschen in Auschwitz vergast wurden. 1944. Als Eva noch in ihren Verstecken war. Bei den Märchenschwestern. Beim Rabbiner. Gewissheit nun, dass sie nie in der Slowakei eintrafen. Dass ihnen die Flucht nicht gelungen ist. Dass sie an keinem anderen Ort der Welt leben.

Hier nun ist der Augenblick, an dem Eva sich der Realität stellen muss. Die Hoffnung, die Illusion, dass sie ihrer Mutter und ihrem Bruder wieder begegnen würde, dass sie am Leben sind, zerbricht in tausend Teile. Es war nun Zeit, erwachsen zu werden.

Über siebzig Jahre lang wollte Eva der traurigen Wahrheit nicht ins Gesicht blicken. Über siebzig Jahre lang hatte sie den möglichen Tod der Mutter und des Bruders verdrängt. Jetzt kann sie sich nicht mehr selbst belügen. Sie kann sich nichts mehr schönreden. Sie kann nichts mehr hoffen. Ihr Gerüst stürzt ein. Über Jahrzehnte verriegelte Gefühle brechen wieder auf. Über die Jahreszeiten und nach den vielen Lebensjahren nach ihrer Befreiung hatte sie wie eine Amputierte funktioniert. Wie ein leerstehendes Haus, ohne Licht. Ohne Lebensheizung. Ohne Gefühle für sich. Ohne Verbindung zu den Toten. Selbstschutzwände hatte Eva um sich herum gezimmert. Eva war über Jahrzehnte die funktionierende Frau. Es war nun Zeit, sich davon zu verabschieden. Es war Zeit, in ein Leben mit der Wahrheit einzutreten. Den Tod zu akzeptieren. Mit der Trauer zu beginnen.

Im April 2017 mit Evas Erfahrungen und Erzählungen im Herzen sitze ich auf der hellbraunen Bank. Mit dem Rücken zum Fenster. Ich nehme für meine Schwiegereltern, für Eva und ihre Familie am March of the living teil. Und für mich selbst. Gegen das Vergessen. Nach und nach bewegen wir uns. Wir schieben an den Baracken vorbei. Die Stimmung ist aufgewühlt. Jede Gruppe bleibt unter dem Eingangsschild *Arbeit macht frei* stehen. Wir tragen eine zwölf Meter lange Israelfahne zwischen uns. Keine Deutschlandfahne. Noch nicht, haben einige Teilnehmer gesagt. Es ist zu früh. Einige beten. Andere singen. Am Straßenrand stehen wenige Polen aus dem Ort. Junge Asiaten einer christlichen Gemeinschaft verteilen Flyer, auf denen sie sich entschuldigen, was Juden durch Christen hier vor Jahrzehnten angetan wurde. Wir laufen Schritt um Schritt Auschwitz–Birkenau entgegen. Unsere Hände umklammern die blau-weiße Fahne. Wir gehen an Autohäusern, Gartenzäunen, Supermärkten, Einfamilienhäusern und dem Bahnhof vorbei. Über Kreuzungen, rote Ampeln.

Das Lager Birkenau wurde damals gebaut, weil das Ursprungslager Auschwitz zum massenhaften Töten nicht mehr reichte. Neben mir läuft ein Student aus Pinneberg. Er kannte die Misshandlungen seiner Großeltern aus Erzählungen. Wie die zwei von der Gestapo verfolgt und im Ghetto eingepfercht wurden, erzählt er mir. Ab und zu tippt er Nachrichten in sein Handy. Füttert Instagram mit Fotos vom Marsch, während er mir von der Zwangsarbeit seines Opas in einer polnischen Fabrik erzählt. Ich gehe neben ihm. Schweige und denke an meine Eltern. Wie gelingt ein anständiges Leben, wenn man auf der Seite der Täter stand? Ich bin unglücklich, weil ich keine Antworten habe. Manchmal denke ich mir, meine Fantasie ist schlimmer als das, was sie getan haben. Manchmal denke ich, dass auch Nichtstun damals bedeutete, es zugelassen und damit etwas getan zu haben. Die Gruppe kommt zum Stehen. Neben uns Schüler aus Griechenland, Kanada und Ungarn.

Klezmermusik schallt aus einer Box vor dem Tor von Auschwitz-Birkenau. Die Sonne steht hoch. Wir nähern uns dem Eingangstor, das wie ein Nadelöhr wirkt. Es ist der enge, noch erhaltene Torbogen, durch den alle Züge gefahren sind. Ich lasse meinen Blick über die Gleise und das weite Gelände schweifen. Eine riesige Fläche, soweit das Auge reicht. Links und rechts der Gleise Gräben, Stacheldrahtzäune und Holzbaracken. Endlose Reihen. Dazwischen immer wieder Fragmente von Grundmauern, auf denen Baracken standen. Inzwischen sind sie mit dem Gras verwachsen. Wie eine gerade Linie durchschneiden die Gleise den hellen Boden.

Ich muss wieder an Eva denken. An ihr Leid. An ihren Schmerz. An ihre Kraft. Über Monate sah sie einen dunkel gefärbten Himmel. Sie roch verbranntes Fleisch. Dieser Geruch biss sich bei jedem Atemzug in ihre Lunge. Eva atmete den Tod ein. In Auschwitz-Birkenau gab es in den Gräben und künstlich angelegten Teichen schwarzes Wasser, weil die Asche der Toten dort hineinschüttetet wurde. Das haben Menschen gemacht. Normale Menschen. Vielleicht ein paar Sadisten oder ein paar Verbrecher. Aber die meisten, die in Auschwitz ihre Arbeit machten, waren Menschen wie du und ich. Sie waren Ehemänner, Familienväter. Hatten vorher einen Beruf und waren freiwillig hier. Menschen haben dieses Vernichtungssystem als große oder kleine Rädchen im Tötungsgetriebe am Laufen gehalten. Nach dem Krieg blieben sie übergangslos Väter, Ehemänner und kehrten in ihre alten Berufe zurück. So, als sei nie etwas gewesen. Zur Verantwortung wurden nur die wenigsten von ihnen gezogen. Nicht einmal ein Prozent von ihnen saß im Gefängnis, sie deckten sich gegenseitig. Im Nachkriegsdeutschland, das Land der verstrickten Menschen. Verstrickt aus Blinden und Tauben, Mitläufern und Mördern gab es keine Gerechtigkeit für die Opfer. Geistige und politische Amnesie, die zu einer kollektiven Amnesie führte. Mein Freund Ralph Giordano sagte zu all dem: »Das ist die zweite Schuld Deutschlands.«

Jetzt im April 2017 sind auch wir in einem kleinen Wäldchen hinter dem Krematorium von Auschwitz. Ganz am Ende der Gleise, gleich beginnen hier die Feierlichkeiten zum Holocaustgedenktag. Ich sitze dort, wo Evas Mutter Valeria und ihr Bruder Tamas vor zweiundsiebzig Jahren gesessen haben müssen. Im weichen Moos warteten sie hier auf den Tod. Die Sonne schien durch die Bäume, und der Frühling wurde langsam durch den Sommerbeginn abgelöst. Valeria Diamant hat hier auf ihren Tod gewartet, weil die Maschinerie nicht so schnell mit dem Vergasen nachkam. Es waren zu viele geworden, die mit den Zügen 1944 aus Ungarn ins Lager kamen. Ob die Vögel sangen, damals beim Warten im Wald? Evas Mutter mochte Vögel. Sie beobachtete mit ihren Kindern Eva und Tamas die Frühlingsvogelschwärme, die aus dem Süden zurückkamen. Valeria hatte sich für ihre Terrasse einen kleinen Singvogel gewünscht. Den sie füttern und betreuen konnte. Der sie erfreuen sollte. Dem sie vielleicht das eine oder andere Wort in der Menschensprache beibringen konnte. Nun saß Valeria mit Tamas im Wartezimmer des Todes. Unter den Bäumen. Im Moos. Ob sie wohl nach einem Schluck Wasser geschrien hatte? Für ihren Sohn. Der nach den tagelangen Transporten am Verdursten war. Wasser für ein Kind! Ob sie wohl geschrien hat: »Gebt meinem Kind etwas zu essen.« Nachdem sie seit Tagen nichts mehr zu essen bekommen hatten. Wie kann eine Mutter ihren Sohn beschützen? An diesem schutzlosen Ort? Konnte man einem Kind das langsame Sterben erklären? Konnte eine Mutter an diesem Ort ihr Kind trösten? Alles Menschliche verschwand an diesem Waldrand. Übriggeblieben waren Schläge, Beschimpfungen, Schreie, die durch den Wald hallten. Viele der Selektierten saßen in diesem Wald. Umgeben von Gewehrkolben und Wachtürmen. In Auschwitz blendeten sie die Scheinwerfer von den Wachtürmen. An einem der dunkelsten Orte der Geschichte gab es keine Dunkelheit. Die Wärter hatten Gesichter und Namen. Sie haben alles gesehen und trotzdem geschwiegen. Nach Jahren der Demütigung. Nach Jahren des Hasses und der Ausgrenzung war das hier der waldgrünbraune Endpunkt.

Elie Wiesel lehrte mich mit seinen Büchern das Erinnern. Nun spricht sein Sohn auf der Gedenkfeier über das Nichtvergessen. Ich schaue auf die aus Israel angereisten jungen Marinesoldaten, die vor uns an den Absperrgittern stehen. Sie ziehen ihre schweren Jacken aus, es wird warm an diesem Nachmittag. Auf der überdachten Bühne wehen die europäische und israelische Flagge. Schüler spielen klassische Musik auf ihren kleinen Geigen. Die zarten Finger huschen über die Saiten und berühren unsere Herzen. Der Landesrabbiner spricht über den gerechten Gott und wünscht sich Frieden für alle Menschen auf dieser Welt. Die Bildungsminister aller europäischen Länder beugen sich mit schmalen Fackeln über windgeschützte Schalen. Zünden Kerzen an. Israels Verteidigungsminister spricht über den Schutzort Israel für alle Juden auf der ganzen Welt. Der kanadische Ministerpräsident schickt eine Videobotschaft. Ed Mosberg, ein Holocaustüberlebender, trägt seine KZ-Nummer in einem Armband um das Handgelenk. Er fragt sich und uns, wie man mit dem Schmerz weiterleben kann. Ein Leben gelingen kann nach Auschwitz. Ein Kantor singt jiddische Lieder. Daran muss ich denken, als die Nachmittagssonne sich langsam am Ende der Feier auf unsere Gruppe senkt. Programmhefte flattern im leichten Wind. Holocaustüberlebende, die nicht mehr in der Lage sind zu gehen, werden mit elektrischen Golfcarts zurück zum Ausgang gefahren. Die Soldaten der israelischen Marine stellen sich für ein Foto zusammen vor die Stuhlreihen, auf denen vor wenigen Minuten noch die europäischen Minister gesessen haben.

Wir stehen an einer der tiefliegenden, länglichen roten Backsteinruinen. Das Dach des Krematoriums ist eingefallen, Stahldrähte ragen heraus. Am Ende des Krieges, als die Deutschen merkten, dass es nur noch ein paar Tage dauern würde, bis die Russen kamen, versuchten sie die Spuren ihrer Mordmaschinerie zu zerstören. Niemand sollte beweisen können, wessen sie sich schuldig gemacht hatten. Niemand sollte rekonstruieren können, dass sie Massenmörder waren. Verbrecher gegen
die Menschlichkeit.

Der Treppenabgang, an dem Frauen, Männer und Kinder noch dachten, sie würden zum Duschen gehen, liegt direkt vor mir. Die Toten waren mit den Händen in die Oberarme des anderen verkrallt. Vielen wurden die Arme abgetrennt, um sie einzeln zu verbrennen. Leise weht der Wind über das Gras und den anliegenden Wald. Millionen Träume und viel zu früh, gewaltsam abgebrochene Lebensgeschichten schweben in Auschwitz–Birkenau über der Stille. Die Stille ist erschreckend laut. Totenstill an diesem Frühlingsmontag.

Wir zünden Kerzen an. Ich suche nach meinem Teelicht im Rucksack. Einige Schüler klettern unter der Absperrungskette hindurch, hastig wie Kinder, die durch den Zaun des Nachbarn schlüpfen, um unsere Gedenkkerzen hinter den Steinen vor dem Wind zu schützen. Wir stellen die Kerzen in Form eines Davidsterns zusammen. Eine bescheidene Geste neben diesen Steinen. Einige stehen schweigend daneben. Wir bilden einen Kreis, sprechen das Kaddisch. Das Totengebet:

Erhoben und geheiligt, sein großer Name,
in der Welt, die er erneuern wird.
Er belebt die Toten,
und führt sie empor zu ewigem Leben,
er erbaut die Stadt Jerusalem
und errichtet seinen Tempel auf ihren Höhen,
er tilgt die Götzendienerei von der Erde

und bringt den Dienst des Himmels
wieder an seine Stelle,
und regieren wird der Heilige, gelobt sei er,
in seinem Reiche und in seiner Herrlichkeit,
in eurem Leben und in euren Tagen
und im Leben des ganzen Hauses Israel
schnell und in naher Zeit,
und sprechet: Amen
Sein großer Name sei gelobt,
in Ewigkeit und Ewigkeit der Ewigkeiten!
Es sei gelobt und verherrlicht
und erhoben und gefeiert
und hocherhoben und erhöht
und gepriesen der Name des Heiligen, gelobt sei er,
hoch hinaus über jede Lobpreisung und jedes Lied,
jede Verherrlichung und jedes Trostwort,
welche jemals in der Welt gesprochen,
und sprechet: Amen
Es sei der Name des EWIGEN gelobt,
von nun an bis in Ewigkeit!
Es sei Fülle des Friedens vom Himmel herab,
und Leben,
über uns und über ganz Israel,
und sprechet: Amen!
Meine Hilfe kommt vom EWIGEN,
dem Schöpfer des Himmels und der Erde.
Der Frieden schafft in seinen Höhen,
er schaffe Frieden unter uns und über ganz Israel,
und sprechet: Amen

Es soll die Seelen der Verstorbenen auf ihrem Weg ins Paradies begleiten. Das Kaddisch ist mehr als eine Lobpreisung, es ist ein Gebet, in dem es um Erhöhung geht. Ich bin schlicht und einfach nicht gläubig. Trotzdem spreche ich es mit. Mich berührt dieses Ritual. Religion hilft mir nicht, an diesem Ort zu verstehen, was wirklich geschehen ist. Religion hilft mir nicht zu akzeptieren, was passiert ist. Heute haben wir versucht, uns die Katastrophe des 20. Jahrhunderts anzuschauen, aber wie erinnert man sich? Unsere Generation. Die kommende?

Ich bekomme einen Edding-Stift gereicht und schreibe auf das kleine Brettchen aus gepresstem hellen Holz die Namen von Evas Mutter und Bruder. Dazu zwei Herzen. Ich stecke, wie tausende andere Besucher, das Brett zwischen die Steine auf den Gleisen. Dort steht es im Abendlicht. Ich weiß nicht wie lange. Ich betrachte es und gehe langsam zum Ausgang. Immer wieder drehe ich mich um. Lasse diese beiden Namen zurück. Es steht so schutzlos und verlassen da, das Brett. Ich drehe mich um, laufe zurück. Greife nach dem Brett. Lasse sie hier nicht nochmal zurück.

Auf dem Weg zu unserem Hotel herrscht Stille in unserem Bus.

24 SCHATTEN

Nach dem Krieg hat einer meiner Großonkel versucht, sich die SS-Runen unter dem Arm herauszuschneiden. Ohne Betäubung. Er kam schon vor Kriegsende mit schweren Verletzungen nach Hause zurück. Die Tätowierung versteckt unter der Armbeuge. Nach Kriegsende wurde er von der russischen Geheimpolizei verhaftet und in die nächste größere Kreisstadt gebracht. Verhöre, auch Folter erwarteten ihn. Er starb Weihnachten 1945. Damals war der Winter so eisig, dass die Männer im Dorf Schwierigkeiten hatten, mit der Spitzhacke sein Grab auszuheben.

Darüber wurde nie gesprochen. Sein Bruder Oskar, mein zweiter Großonkel, war in der KPD und überlebte die Jahre 1933 – 1945 unentdeckt. Bis heute weiß keiner, wie er das geschafft hat. Gleich nach dem Krieg wurde er wieder aktives Mitglied in der kommunistischen Partei und half den Russen bei der Entdeckung von Nazis. Für viele galt er als Verräter. Er war es, der meiner Oma Anni mit ihren zwei Kindern 1945 half, als ihre Wohnung und ihr

Inventar von den Russen in Schwerin beschlagnahmt wurde. Er besorgte der Familie meiner Mutter ein neues Dach über dem Kopf. Mein Opa mütterlicherseits, ein Landser, starb in Russland in einem Lazarett. In der Stadt Gomel. Er ist als junger Soldat im Krieg »geblieben«, wie die gängige Formulierung auf Familienfeiern hieß. Drei Söhne haben meine Urgroßeltern Otto und Emma im Krieg verloren. Das Wort gestorben oder tot war tabu. »Verloren« war weniger schmerzhaft. Blieb im Ungewissen. Ursache und Wirkung verschwanden. Warum gab es keine Fotos, Feldpostbriefe, Erinnerungen, Beweise über ihre Rolle im Militär? Gehörten sie zu den Soldaten in der Wehrmacht, die an Judenerschießungen an der Ostfront teilgenommen hatten? Gehörten sie zu den Soldaten in der Wehrmacht, die nur taten, was sie tun mussten, oder die ihre Macht und Gesetzeslosigkeit dazu nutzten, mehr zu tun, als es ihr Gewissen und ihre menschliche Moral erlaubt hatten? Oder gehörten sie zu den Soldaten in der Wehrmacht, die hier und da auf einen Schuss verzichteten, einem hungernden Kind ein Stück Brot zuwarfen? Alles war möglich, weil man nichts erzählte und damit nichts zu wissen schien.

Wir haben viele Wochenenden mit den Großeltern väterlicherseits verbracht. Wir übernachteten bei ihnen, wenn unsere Eltern feiern gingen. Nie fiel ein Wort. Nie wurde über den Krieg gesprochen. Ein weißer Fleck voller dunkler Schatten. Dabei hingen in unserem Treppenhaus Fotos von Verwandten. Fragte ich die Großeltern nach persönlichen Geschichten dieser Verwandten, wischten sie mit einer festen Handbewegung diese Frage weg. Auf erneutes Nachfragen, Vortäuschen von Nichtwissen. Selbst als Kind merkte ich, dass ich belogen wurde. Wie vielen meiner Freunde beschlich uns das Gefühl, unsere Eltern und Großeltern verwischten ihre Vergangenheit, verschoben Wahrheiten, erzählten Legenden. Wurden wütend und abwehrend. Stumpf und stumm, anstatt uns einfach die Dinge so zu erzählen, wie sie vorgefallen waren.

Und ich? Bohrte ich genug nach? Als ich älter wurde und von der Geschichte hörte und lernte, ging ich nach Hause zurück und fragte laut und deutlich genug nach unserer Familiengeschichte? Unüberhörbar und klar? Konnte ich meine innere Lähmung, meine Angst vor der Wahrheit meiner Familien als Rechtfertigung meiner Zögerlichkeit verwenden? War die anschließende noch intensivere Beschäftigung mit dem Dritten Reich, mit Hilfe von Büchern, Filmen, Diskussionsrunden eine Kompensation der beschränkten Fähigkeit, dasselbe mit meiner Verwandtschaft zu tun? Details über meine Wurzeln auszuhalten?

Eine langjährige Freundin, die als Lehrerin arbeitete, erzählte mir bei einem Abendessen vor fünfzehn Jahren unter Tränen, dass sie wie jedes Jahr, wenn sie eine neue Schulklasse unterrichtete, das Thema Drittes Reich in ihren Unterrichtsplan einbauen wollte. Wie in jedem Jahr rief sie den Vorsitzenden der jüdischen Gemeinde ihrer Stadt an und bat ihn, ihr den Namen eines oder einer Überlebenden der Konzentrationslager zu benennen. »Ich bitte um Entschuldigung, dass ich Sie belästige«, sagte sie zum Vorsitzenden der Gemeinde, »aber es gibt so wenig Überlebende, die über diese Zeit erzählen können.« Es dauerte einige Sekunden, bis er mit leiser Stimme erwiderte: »Da haben Sie vollkommen recht, Frau M., es gibt tatsächlich wenige überlebende Opfer, die als Zeitzeugen zur Verfügung stünden. Aber es gibt Millionen und Abermillionen Täter, die Ihnen als Zeitzeugen zur Verfügung stünden. Warum fragen sie die eigentlich nicht? Sind es nicht Sie, die Ihren Kindern erzählen sollten, wie es dazu gekommen ist und was daraus zu lernen ist? Vielleicht fragen Sie in diesem Jahr sogar mal Zeitzeugen in Ihrer eigenen Familie?« Während meine Freundin mir diese Geschichte erzählte, ging ihr Weinen in Schluchzen über. Touché. Heute gibt es nur noch ganz wenige Zeitzeugen. Opfer und Täter, dachte ich. Das Erinnern und das kollektive Gedächtnis wird neue Formen und Erzählweisen brauchen, auch weil Menschen aus anderen Ländern nach Deutschland gekommen sind und deren Familien mit der Geschichte des Dritten Reiches nichts zu tun hatten. Einwanderer und Flüchtlinge werden sich als deutsche Staatsbürger mit Hitler und dem Dritten Reich auseinandersetzen müssen. Wahrscheinlich werden sie sich die Frage stellen, was haben wir damit zu tun? Was geht uns das an? Unsere Familien waren in Istanbul, Damaskus, Kapstadt, Aleppo oder New York. Es wird ihnen schwer fallen zu lernen, dass mit der Annahme der deutschen Staatsbürgerschaft sie gleichzeitig die Geschichte Deutschlands annehmen müssen. Dass die Befehle in Majdanek, Sobibor, Belzec, Treblinka in deutscher Sprache herausgebellt wurden, in der Sprache, die sie jetzt sprechen. Dass zur deutschen Kultur einerseits Goethe, Schiller, Adorno, Habermas, Bach und Beethoven gehören, andererseits aber auch Hitler, Himmler und Göring. Und dass das eine ohne das andere nicht zu haben ist.

Während ich diese Zeilen schreibe, versuchen andere die Geschichte des Dritten Reiches umzuschreiben, zu relativieren, die Tatsachen zu verwischen, Verschwörungstheorien zu verbreiten, sogar zu behaupten, Konzentrationslager hätte es nie gegeben. Das Netz beschleunigt diese Geschichtsumschreibung. Seit ich mit meinem Mann lebe und zum Judentum übergetreten bin, werden mir die Konsequenzen dieser Denkverbrecher noch deutlicher.

Ich werde auch oft gefragt, ob ich wisse, woher der Antisemitismus kommt? Ich kann mich nicht erinnern, dass man sich unter Nichtjuden diese Frage oft stellt. Als wären gerade Juden Antisemitismus-experten. Mein Mann antwortet darauf, mal ruhiger oder mal aufgeregter: »Warum fragt ihr mich das? Weil ich jüdisch bin? Weil das Opfer den Tätern erklären soll, dass es vermeintliche Gründe gibt, damit sie sich besser fühlen? Sollte ich nicht eher euch fragen, woher der Antisemitismus kommt?«

Während ich diesen Gesprächen zuhöre, muss ich an eine der besten Freundinnen meiner Schwieger-mutter denken. Sie muss zwischen fünfundachtzig und fünfundneunzig Jahren alt sein - Genaueres will sie nicht über ihr Alter verraten. Nach wie vor geht sie zweimal in der Woche zum Friseur. Wann immer wir uns in einem Café treffen, ist sie perfekt angezogen und geschminkt. Auch sie hat eine Nummer auf ihrem Un-terarm. Sie lässt Gespräche über die Vergangenheit nur kurz zu. Über das Böse und die Gewalt, die Menschen Menschen antun, spricht sie äußerst ungern. Über die Gefahr, die es bedeutet, Minderheit zu sein, auch heute noch, umso weniger. Abrupt hält sie dann inne, macht eine kurze Pause, sammelt sich und spricht mit erstaun-lich deutlichem Ton aus: »Schau nach vorne. Schau im-mer nach vorne. In die Zukunft, Bärbel.«

Ich erwidere schüchtern: »Aber Zukunft gibt es nicht ohne Vergangenheit.« Sie denkt einige Sekun-den nach: »Du hast recht, aber der Mensch lebt, weil er an die Zukunft glaubt und hofft, dass sie besser wird.«

»Trotzdem, was ist das Minimum, das Mindeste, was es an Vergangenheit, an Erinnerung braucht, um eine bessere Zukunft aufzubauen?«

Meine Frage bleibt unbeantwortet.

Ich stehe mit meinem Wagen an der Ampel und sehe
Eva, sie kommt aus dem Friseurgeschäft. Schließt die
Ladentür hinter sich. Hat die Haare schön. Sie wirkt,
als wäre sie in einen Jungbrunnen gefallen. Glücklich.
Ihr Gesicht leuchtet. Sie setzt ihre dunkle Sonnen-
brille auf. Sommertag in Frankfurt. Richtig cool sieht
sie aus, wie sie mit schnellen Schritten um die Ecke
kommt. Ich hupe. Eva blickt sich suchend um. Wir
winken uns lachend zu

»Bärbel, ich spiele am Abend Bridge«, ruft sie mir
fröhlich über die Straße zu. »Ist gut für den Kopf«,
dabei klopft sie sich mit einem ihrer knallrot lackier-
ten Fingernägel an die Schläfe. Für dieses strategische
Kartenspiel brauchen Spieler Geduld und Köpfchen,
beides hat Eva. Wenn ich achtzig bin, habe ich hoffentlich noch so viel Energie wie meine Freundin Eva.
Ja, wir sind Freundinnen geworden. In den vergan-
genen Monaten, in denen wir nachmittags unsere
Wundenfenster geöffnet, uns kennengelernt, zusammen diskutiert und gelacht haben. Wir sind uns nah

gekommen. Vertrauen uns. Im Rückspiegel sehe ich noch, wie sie in der blauen Handtasche nach ihrem Haustürschlüssel kramt.

Zweimal war ich in meinem Leben schwanger. Zweimal hatte ich absolutes Vertrauen in diese Welt. Träumte für einen Augenblick, dass das Leben Glück und Sinn bedeutet, dass es berechenbar ist und mehr als Überleben bedeutet. Dass Sicherheit das Chaos besiegen kann. Dass das Gute mehr ist als die Abwesenheit des Bösen. Dass der Mensch mehr ist als ein zivilisiertes Tier. Ich träumte davon, dass es euch gut gehen würde. Ein geschütztes Leben möglich sein müsste. Dass Menschen aus ihren Fehlern gelernt haben und lernen. Ich wünschte euch endlose Kissenschlachten und riesige Tüten voller Karamellpopcorn. Ich träumte davon, dass ihr genug zu essen und trinken habt, keiner euch Gewalt antun und auch ihr eure Hand nie gegen andere erheben würdet. Ich hoffte, dass ihr rechtzeitig erkennen könntet, wenn ihr einem anderen Menschen Unrecht oder Schmerz antun würdet.

Ich wünschte euch, keine Angst davor zu haben, zu werden, wer ihr seid. Vielleicht auch ein wenig verrückt zu sein. Ich wünschte euch nie endende Wasserrutschen und süße Träume zwischen bunten Kuscheltieren. Ich wünschte euch Freiheit.

Ich wünschte euch (lacht eure Mutter jetzt bitte nicht aus) Liebe. Ich wünschte, ihr würdet für euch herausfinden, was Liebe alles sein kann. Ich träumte davon, euch auf diesem Weg begleiten und beschützen zu können. Versprach euch, immer da zu sein. Euch die Welt zu erklären (welch eine wahnsinnige Anmaßung, welch ein unerfüllbares aber verführerisches Versprechen). Ich wollte da sein und diejenigen verjagen, die euch Angst machen, oder euer Leben gefährden. Ich wollte euch zum Lachen bringen. Ich wünschte euch supermann-starke-Superkräfte, Wasserhähne, aus denen Milkshakes fließen und eine Schokoladeneismaschine im Kinderzimmer. Ich wollte stark sein, wenn ihr Schutz braucht. Euch in meinen Armen wiegen, wenn ihr weinen würdet. Auf eure kleinen Körper plante ich, Knutschattacken und Küsseregen niederprasseln zu lassen. Ich wünschte euch Lakritzschnecken auf Schulbroten und Wolkenschiffe für nie endende Ferien. Ich wünschte euch angstlose Neugier.

In diesen Märchenwochen, in meinen Märchenwochen, in denen ich auf euch wartete, damals, als ich schwanger war, schien alles möglich zu sein. Es waren die Wochen und Monate, in denen die Engel tanzten und die Teufel schliefen.

Und noch einen Wunsch hatte ich für euch Zwei:

Dass ihr fähig sein würdet, die Teufel, die wie Engel tanzten und die Engel, die wie Teufel schliefen, auseinanderzuhalten.

Besser als ich es konnte.

Denn es gibt sie, die Engel. Ihr müsst sie nur suchen. Immer wieder suchen. Ihr müsst eine so große Sehnsucht danach haben und euch anstrengen, immer wieder und allen Rückschlägen zum Trotz. Ihr werdet sie finden. Daran möchte ich glauben. Daran glaube ich.

Die Teufel dürfen nicht das letzte Wort haben. Vergesst das nie!

DANKSAGUNG

Ich bedanke mich bei Eva Szepesi für ihr Vertrauen und ihre Freundschaft. Mein Dank gilt ihren Töchtern Anita und Judith, die mich mit ihrem ganzen Herzen und ihrem genauen Blick immer wieder ermutigt haben.

Elisabeth, Wolfgang, Katrin und meiner Mutter lieben Dank für eure Offenheit.

Fürs Mitfühlen und Miterleben dieses Projektes geht mein Herzensdank an Michel, dem besten Ehemann der Welt.

Ich danke meinen Freundinnen Monika, Souad, Eva und Wiebke. Und ganz besonders auch dir, Monika Martino: Du bist die Beste! – Danke für das »Rücken-Freihalten«.

Dank an meine Lektorin, Christel Gehrmann.

Penguin Random House Verlagsgruppe FSC® N001967

2. Auflage, 2023
Copyright © 2017 Gütersloher Verlagshaus, Gütersloh,
in der Penguin Random House Verlagsgruppe GmbH,
Neumarkter Str. 28, 81673 München

Umschlaggestaltung: Gute Botschafter GmbH, Haltern am See
Umschlagmotiv: © privat
Druck und Bindung: GGP Media GmbH, Pößneck
Printed in Germany
ISBN 978-3-579-08685-9
www.gtvh.de